8°R
9696

I0029822

# EXPOSITION UNIVERSELLE DE 1889.

## COMITÉ DÉPARTEMENTAL DE LA GIRONDE.

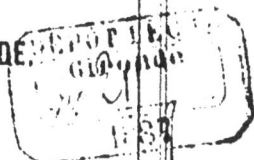

# SECTION D'ÉCONOMIE SOCIALE.

# ENQUÊTE ET RAPPORT

## DE LA COMMISSION.

BORDEAUX

IMPRIMERIE J. DURAND

20, rue Condillac, 20.

**1889.**

EXPOSITION UNIVERSELLE DE 1889.

COMITÉ DÉPARTEMENTAL DE LA GIRONDE.

# SECTION D'ÉCONOMIE SOCIALE.

## ENQUÊTE ET RAPPORT

DE LA COMMISSION.

BORDEAUX

IMPRIMERIE J. DURAND

20, rue Condillac, 20.

1889.

8° R
4696

# COMMISSION D'ÉCONOMIE SOCIALE.

## Membres du Bureau :

MM. Alfred DANEY, président du Comité départemental, ancien maire de Bordeaux. } *Président.*

Marc MAUREL, président de la Société d'Économie politique, ancien membre de la Chambre
de commerce.
VITAL, ingénieur en chef des mines, président
de la Société Philomathique. } *Vice-Présidents.*

Eugène BUHAN, secrétaire général du Comité
départemental.
J.-B. LESCARRET, professeur d'économie politique à la Chambre de commerce de Bordeaux. } *Secrétaires.*

## Sous-Commission des tableaux graphiques et synoptiques.

MM. VITAL, ingénieur en chef des mines, président
de la Société Philomathique. } *Président.*

SAINT-MARC, professeur d'économie politique à
la Faculté de Droit.
Eugène BUHAN, secrétaire-général du Comité
départemental.
Charles GRUET, membre du Conseil municipal. } *membres de la Sous-commission.*

## Composition des Sections.

### Section I. — Rémunération du travail.

MM. Adolphe SARRAIL, président du Conseil des Prud'hommes; J.-B-
LESCARRET; DELFAUT, typographe, vice-président du Conseil
des Prud'hommes.

### Section II. — Participation dans les bénéfices; associations coopératives de production.

MM. VITAL; Gustave GOUNOUILHOU, directeur de l'imprimerie de la
*Gironde.*

### Section III. — Syndicats professionnels.

MM. Léonce BERNIARD, président de l'Union des Syndicats girondins; Charles GRUET, secrétaire-général du Syndicat des saindoux et salaisons, conseiller municipal; COMME, président de l'Union des chambres syndicales ouvrières; Eugène LARRONDE, membre de la Chambre syndicale des vins; J. MARAN, secrétaire-général de l'Union générale des Syndicats girondins, membre du Conseil des Prud'hommes.

### Section IV. — Apprentissage.

MM. Léo SAIGNAT, Avocat, ancien président de la Société Philomathique; DORMOY, P.-J., fondeur en bronze, ex-adjoint au maire de Bordeaux; DARRIET, ingénieur civil, adjoint au maire de Bordeaux; Jules CALVÉ, ancien président de la Société Philomathique, conseiller à la Cour d'appel; ROUMESTAN, inspecteur d'Académie; SAUGEON, propriétaire, vice-président du Conseil général; J. MARAN; A. GODET, capitaine au long cours, président de la Société de sauvetage; Frédéric BICHON, constructeur maritime, membre de la Chambre de commerce; H. LANNELUC, vice-président de l'Union générale des Syndicats girondins, président du Syndicat des capitaines au long cours.

### Section V. — Sociétés de secours mutuels.

MM. Léo SAIGNAT; Emile MAUREL, ancien président du Tribunal de commerce; Ferdinand CLOUZET, négociant, conseiller général.

### Section VI. — Caisse de retraites et rentes viagères.

MM. DELFAUD; SEGRESTAA, président du Tribunal de commerce,

### Section VII. — Assurances contre les accidents.

MN. Gabriel FAURE, secrétaire de la Chambre de commerce; H. LANNELUC; A. GODET; Frédéric BICHON.

### Section VIII. — Épargne.

MM. BAYSSELLANCE, maire de Bordeaux, ingénieur de la marine en retraite; Hubert PROM, président de la Chambre de commerce; Ferdinand CLOUZET; J.-B. LESCARRET.

### Section IX. — Associations coopératives de consommation.

MM. Gabriel FAURE; Gustave GOUNOUILHOU; J.-B. LESCARRET; Eugène LARRONDE.

### Section X. — Associations coopératives de crédit

MM. A. BRYLARD, négociant, armateur, ancien membre de la Chambre de commerce; BAYSSELLANCE; Fernand FAURE, député de la Gironde; J.-B. LESCARRET; Marc MAUREL.

### Section XI. — Habitations ouvrières.

MM. SALVA, ingénieur en chef du Département; Adolphe SARRAIL; VITAL.

### Section XII. — Cercles d'ouvriers; Récréations et jeux.

MM. Emile MAUREL; Hubert PROM; BAYSSELLANCE.

### Section XIII. — Hygiène sociale.

MM. LEVIEUX, docteur-médecin, vice-président du Conseil central d'hygiène; Emile MAUREL; A. BRYLARD.

### Section XIV. — Institutions créées par les chefs d'exploitation en faveur de leur personnel.

MM. Gustave GOUNOUILHOU; Albert VIBILLARD, manufacturier; Marc MAUREL.

### Section XV. — Grande et petite industrie Grande et petite culture.

MM. Albert VIBILLARD; de SONNEVILLE, propriétaire, ancien président de la Société d'Agriculture de la Gironde; Ferdinand CLOUZET, DARRIET, P.-J. DORMOY.

### ARRONDISSEMENT DE BAZAS.

MM. De BARITAULT, conseiller général, maire de Castillon-de-Castets; Marcel COURRÈGELONGUE, propriétaire; DARQUEY, maître de Forges, maire de Bernos; DUTRÉNIT, notaire; JORET, propriétaire; Alexandre LÉON, conseiller général; SERVIÈRE, conseiller général, maire de Bazas.

## ARRONDISSEMENT DE BLAYE

MM. François DALEAU, archéologue; DELUMEAU, juge au Tribunal de commerce; FROIN, conseiller général, maire de Saint-Ciers-Lalande; GERVAIS, conseiller général; PINAUD, président du Tribunal de commerce; REY, fabricant de machines agricoles; ROCHET, constructeur de navires.

## ARRONDISSEMENT DE LESPARRE.

MM. CASTÉJA, conseiller général, notaire; GOUDINEAU, conseiller général; Armand LALANDE, député; MORANGE, conseiller général; PÉRIER, maire de Pauillac; du PÉRIER DE LARSAN, maire de Soulac-les-Bains.

## ARRONDISSEMENT DE LIBOURNE.

MM. CHAPERON, conseiller général; POITOU, conseiller général; ROUDIER, propriétaire; SURCHAMP, conseiller général, maire de Libourne.

## ARRONDISSEMENT DE LA RÉOLE.

MM. Du BOSCQ, conseiller général, maire de Baigneaux; COURREAUD, directeur de la ferme-école de Machore, à Saint-Martin-de-Sescas; ESTÈVE, pharmacien; HERBET, vétérinaire; JULLIDIÈRES, conseiller général; LABORDE, président du Conseil d'arrondissement; Léon LAROSE, député.

# TABLE ANALYTIQUE DES MATIÈRES

## SECTION IV

### Apprentissage.

## SECTION V

### Société de secours mutuels.

## SECTION VII

## SECTION VIII

### Épargne.

## SECTION IX

### Associations coopératives de consommation.

## SECTION XI
### Habitations ouvrières.

## SECTION XII
### Cercles d'ouvriers; Récréations et jeux.

## SECTION XIII
### Hygiène sociale.

## SECTION XIV
### Institutions diverses créées par les chefs d'exploitations en faveur de leur personnel.

## SECTION XV
### Grande et petite industrie.

————————

Des tableaux graphiques et synoptiques, avec tous les documents à l'appui de ce rapport, sont exposés à la section d'**Économie sociale** (département de la Gironde).

COMITÉ DÉPARTEMENTAL DE LA GIRONDE.

# SECTION D'ÉCONOMIE SOCIALE.

## ENQUÊTE ET RAPPORT
### DE LA COMMISSION.

## CONSIDÉRATIONS GÉNÉRALES.

Les organisateurs de l'Exposition de 1889 ont voulu profiter de cette occasion solennelle pour joindre, à l'exposition des produits de l'industrie, un tableau de la situation matérielle et morale des producteurs. C'est la Section **d'Économie Sociale** dans chaque département, qui est chargée de faire cette enquête.

Dans le but de faciliter la tâche des Commissions départementales, le Comité central a dressé un **Questionnaire** qui embrasse, avec de nombreux détails, tous les éléments complexes de l'Économie industrielle : les conditions du travail, sa rémunération, les institutions diverses qui viennent en augmentation du salaire, le développement du principe d'association et de l'esprit de prévoyance, les mesures prises pour préserver la santé et la vie des ouvriers, etc., etc.

Comme vous le voyez, tous les problèmes si graves qui se rattachent à l'organisation de notre industrie se trouvent posés par ce Questionnaire.

Il est vrai que le Comité Central ne demande pas une appréciation, encore moins une solution, de toutes ces questions — solution que tant d'esprits supérieurs cherchent vainement

1

depuis des siècles. Notre rôle est plus restreint : il se borne à provoquer des réponses précises aux questions posées, de la part de ceux qui se trouvent en mesure, par leur situation, d'observer les faits qui les touchent directement, et qui rentrent dans le cercle des investigations formulées par le Programme.

Même circonscrite dans ces bornes, la tâche qui nous est dévolue offre encore des difficultés assez sérieuses. L'observation judicieuse et impartiale des faits exige du temps d'abord, de l'attention, et certaines habitudes de l'esprit qui le portent à analyser ce qu'il observe, à se rendre compte des *causes* et des *conséquences*.

Le Comité Central a cru provoquer cet esprit d'analyse en multipliant les questions, en les divisant et subdivisant en une infinité de nuances délicates, saisissables seulement par des hommes versés dans l'étude des phénomènes économiques. C'est le cas d'appliquer cette maxime : « que le *mieux* est l'ennemi du *bien*. »

Ce programme si complet a été un épouvantail pour le plus grand nombre. Les industriels et commerçants auraient peut-être répondu à une question posée simplement, et ayant une relation directe avec des faits qui les intéressent, mais la multiplicité des aperçus dont chaque question se trouve accompagnée, a embarrassé et effrayé la plupart d'entre eux. C'est ce qui explique le peu de réponses que nous avons obtenues jusqu'ici, malgré le nombre de questionnaires que nous avons répandus un peu partout, non seulement dans Bordeaux, aux industriels, commerçants, syndicats, etc., mais dans le Département aux principaux propriétaires, notaires, juges de paix, instituteurs, etc.

Notre action ne s'est pas bornée à l'envoi du questionnaire, mais, par des lettres successives, nous avons cherché à vaincre l'indifférence de ceux auxquels nous nous étions d'abord adressés, en insistant sur l'intérêt patriotique qui se rattachait à cette grande enquête « sur la situation matérielle et morale des producteurs », et, plus spécialement, « des travailleurs » dans notre département.

Mais une autre cause plus générale a provoqué le refus ou l'abstention d'un grand nombre d'intéressés : cette cause tient à l'état troublé de notre industrie, aux grèves qui se produisent

— 5 —

avec un caractère si menaçant dans la plupart des centres de travail. On s'explique que les industriels hésitent, dans cette situation, à attirer l'attention sur eux, à dévoiler la nature des rapports qui existent avec leur personnel.

Les sentiments que nous venons d'exposer se traduisent, d'une manière plus ou moins ouverte, dans un grand nombre de lettres qui nous ont été adressées en réponse à nos communications. Je n'en citerai qu'une : celle du Syndicat général du bâtiment, dont voici les termes :

« Monsieur le Secrétaire,

» Le Syndicat général du bâtiment, composé des Chambres » syndicales de maçonnerie, charpenterie, couverture, menui- » serie, plâtrerie, ferblanterie, zinguerie, plomberie, peinture et » marchands de papiers peints, ne croit pas devoir donner son » concours à l'enquête provoquée par la Section d'Économie » sociale pour l'Exposition de 1889.

» Le moment ne lui paraît pas opportun pour l'examen de » questions si complexes, alors surtout que les mesures et déci- » sions prises en haut lieu, suscitent de sérieuses préoccupations » à tous les industriels du bâtiment.

» En vous transmettant cette détermination, je ne puis » qu'exprimer mes regrets que les circonstances ne nous per- » mettent pas de vous donner une collaboration que notre » sympathie pour vous nous aurait rendue agréable.

» Veuillez agréer l'expression de nos meilleurs sentiments.

» *Le Président du Syndicat général du Bâtiment,*
» Adolphe Sahnail. »

A cette crainte si naturelle, est venu s'ajouter, par surcroît, le désappointement très vif éprouvé par les chefs d'industrie, au sujet du vote par la Chambre des Députés de la récente loi sur la responsabilité en matière d'accidents. Ce sont toutes ces circonstances qui ont fait accueillir le Questionnaire avec peu de faveur dans le département.

Malgré toutes ces causes défavorables, nos efforts ne sont pas restés absolument sans résultat; nous avons reçu quelques mémoires et recueilli un ensemble de faits qui nous permettront d'apprécier les progrès réalisés dans les diverses branches de l'activité, principalement en ce qui concerne notre Ville, progrès qui seront rendus plus sensibles par la vue des tableaux graphiques et synoptiques, joints à ce rapport, et qui seront exposés dans la section d'**Économie sociale.**

## SECTION I

### Rémunération du travail.

—

Cinq mémoires, avec documents à l'appui, nous ont été remis concernant cette section :

1° Par M. Adolphe Sarrail, Président du Conseil des Prud'-hommes, sur l'industrie du bâtiment ;

2° Par M. Le Thieur, entrepreneur de Travaux publics, sur la même industrie ;

2° Par M. Pelain, entrepreneur des travaux de pavage de la Ville de Bordeaux, sur la situation des ouvriers paveurs ;

4° Par M. le Directeur des Chantiers et Ateliers de la Gironde, sur l'industrie des constructions navales ;

5° Par M. Fleury, Directeur de l'Huilerie Maurel et Prom. (Voir section I, documents à l'appui.)

Voici les considérations qui résultent des faits observés par les déposants :

#### INDUSTRIE DU BATIMENT.

Cette industrie a une assez grande importance dans notre Ville, généralement bien bâtie ; le nombre des ouvriers occupés dans les diverses branches de la construction s'élève, en moyenne, à 6,000, dont le tiers, tout au plus, est originaire de Bordeaux, et les deux autres tiers des départements limitrophes ou du centre, et des pays voisins. Les terrassiers viennent en général de l'Auvergne et de l'Espagne, les maçons plus particulièrement du Limousin ; depuis quelques années il y a parmi les maçons un certain nombre d'Espagnols ayant fait leur apprentissage à Bordeaux en qualité de manœuvres servant les maçons. (Déposition de M. Le Thieur.)

Les travaux se paient ou à la façon ou à la journée, suivant leur nature. Toutes les fois que cela est possible, le travail à la tâche est substitué au travail à la journée ; voici dans quelle proportion s'opère aujourd'hui cette division :

La grosse maçonnerie et les terrassements se font à la journée pour les 9/10;

La charpente, la couverture, la serrurerie et la peinture se font en général à la journée;

La menuiserie se façonne à la tâche, mais la pose est payée à la journée. (Même déposition.)

Pour faciliter le règlement des travaux à la tâche, le Syndicat général du bâtiment a dressé, en 1862, un tarif avec indication du prix des façons exigées pour la construction d'un édifice. « Ce tarif, dit le rapport de M. A. Sarrail, a facilité d'une façon très considérable les ouvriers intelligents qui sont devenus patrons; à l'aide de ce document, ils ont pu travailler avec la certitude de ne pas faire d'école ruineuse pour eux, et ils ont appris, sans trop de peine, à diriger et évaluer les travaux. »

Le déposant ajoute : « qu'en régularisant le prix des travaux, il a été possible d'augmenter le prix de la main-d'œuvre. »

Sur la question plus spéciale « de la rémunération du travail », voici quelle est l'appréciation des déposants :

M. A. Sarrail, qui est appelé tous les jours par ses fonctions à régler des questions de salaires, estime que le prix de la journée de travail, dans l'industrie du bâtiment, a augmenté en moyenne, depuis 10 ans, de 25 pour 100;

M. Le Thieur, qui remonte plus loin dans ses appréciations, donne le tableau comparatif suivant, entre les prix payés actuellement, et les prix payés il y a 32 ans, lorsqu'il est entré dans les affaires :

| | | |
|---|---|---|
| Les terrassiers se paient aujourd'hui de | 0f 38c à 0f 40c l'heure. | |
| Les maçons | » | 0 50 à 0 60 » |
| Les tailleurs de pierre | » | 0 50 à 0 60 » |
| Les ravaleurs | » | 0 60 à 0 70 » |
| Les manœuvres (garçons) | » | 0 35 à 0 38 » |
| Les porte-pièces | » | 0 50 » |

La journée est de 10 à 11 heures; les heures supplémentaires se paient le même prix.

En supposant la journée de 10 heures, le salaire des auxiliaires de l'industrie du bâtiment s'établit par conséquent ainsi :

Les terrassiers gagnent de.............. 3f 80c à 4f » par jour.
Les maçons          »  .............. 5 » à 6 »   »
Les tailleurs de pierre »  .............. 5 » à 6 »   »
Les ravaleurs        »  .............. 6 » à 7 »   »
Les manœuvres (garçons) gagnent de........ 3 50 à 3 80   »
Les porte-pièces      »   ....... 5 »   »

Ces mêmes auxiliaires étaient payés, il y a une trentaine d'années :

Les terrassiers............. 2f 50c à 2f 75c par jour.
Les maçons............... 3 75 à 4 25   »
Les ravaleurs............. 4 50 à 5 »   »
Les tailleurs de pierre........ 3 50 à 4 »   »

Sur ces bases, les salaires se seraient élevés, depuis environ trente ans, pour cette catégorie de travailleurs :

De 50 pour 100 pour les terrassiers ;
De 37    »    pour les maçons ;
De 47    »    pour les tailleurs de pierre ;
De 37    »    pour les ravaleurs ;

L'habitude, qui tend à se généraliser, de payer les ouvriers, non plus à la journée, mais à l'*heure*, est envisagée par M. le Président du Conseil des Prud'hommes, comme très funeste à l'industrie et aux ouvriers eux-mêmes. Voici comment M. Sarrail s'exprime à ce sujet :

« Les salaires se paient généralement à la journée ; quelques patrons cependant, cédant aux sollicitations des ouvriers, paient à l'*heure*. Ce mode de paiement est préjudiciable aux ouvriers, parce qu'il leur donne une indépendance qui n'est profitable qu'aux cafetiers et aux marchands de vin, et il est en même temps défavorable aux patrons, parce qu'il nuit à la régularité d'*embauchage* si nécessaire pour la marche des travaux. L'obligation pour l'ouvrier de remplir toute sa journée, l'habitue à l'ordre, et ne lui laisse pas le temps de prendre des habitudes d'intempérance, ce qui n'a pas lieu lorsqu'il est payé à l'heure parce qu'il est, en ce cas, son maître, et qu'on ne peut l'obliger à rentrer au chantier aux heures d'embauchage ».

Ces judicieuses observations se trouvent corroborées par cette remarque :

« Que ce mode de paiement à l'heure engendre de nombreux différends jugés par les Conseils des Prud'hommes, parce qu'il y a souvent des irrégularités dans la numération des heures comptées par les ouvriers ».

Les conséquences fâcheuses de cette transformation dans le mode de paiement des salaires, n'ont peut-être pas été assez remarquées par l'opinion publique.

Le *marchandage* est l'objet d'une animadversion, à peu près générale, de la part des ouvriers. Cette forme de contrat n'a cependant rien que de très ligitime ; c'est, en définitive, une entreprise restreinte faite par un ouvrier, qui n'a encore qu'un capital très limité en outils et avances. L'ouvrier s'habitue ainsi à évaluer, à calculer, et il peut arriver, par degrés, à l'entreprise directe.

En général le *tâcheron* travaille lui-même avec ses ouvriers, et il a davantage l'*œil sur eux* que l'entrepreneur général, obligé de surveiller plusieurs parties de son chantier ; c'est sans doute même, en grande partie, à cette cause qu'est due la défaveur dont ce contrat est l'objet de la part des ouvriers. Toutefois M. Le Thieur ne l'envisage pas non plus d'un œil très favorable ; voici son appréciation à ce sujet :

« Pour les terrassements qui comportent l'enlèvement des terres aux décharges publiques, j'ai souvent eu recours aux sous-traitants qui ont des chevaux et des charrettes. Mais lorsque les terres provenant des fouilles sont destinées à des remblais sur place, j'ai toujours fait exécuter les travaux directement. Pour les maçonneries et les façades, la taille des pierres et le ravalement se traitent assez souvent au marchandage ; les fournitures de matériaux et la mise en place, restent à la charge de l'entrepreneur qui fait exécuter à la journée les travaux nécessaires.

« D'une manière générale, ajoute le déposant, sauf les exceptions dont je viens de parler, je suis peu partisan du marchandage en raison des abus que j'ai vu se produire; j'excepte toutefois ce que nous appelons la *tâche banale* qui consiste en un travail déterminé, qui peut être fait par trois ou quatre ouvriers ».

On voit, par cette déposition, combien il est difficile, en ces matières, d'établir des règles absolues; l'intérêt éclairé des parties contractantes peut seul déterminer quelles sont les natures de travaux qui peuvent se donner à la tâche, et celles qu'il convient plutôt d'exécuter à la journée. Quant à proscrire législativement le marchandage, comme le demandent en général les congrès ouvriers, ce serait apporter le plus grave obstacle à l'exécution d'un grand nombre de travaux; il est certain du reste que cette loi resterait sans application dans la pratique, comme il en a été du décret du 2 mars 1848, parce qu'il existe des nécessités qui s'imposent malgré toutes les législations contraires.

Déterminées par d'autres mobiles, les Compagnies des chemins de fer proscrivent aussi les sous-traitants dans les cahiers des charges, et cependant il est de notoriété que la plus grande partie des terrassements de nos voies ferrées a été exécutée par des tâcherons.

La question de responsabilité en matière d'accidents, qui a été l'objet d'un vote à la Chambre des Députés et qui est actuellement soumise au Sénat, a été résolue par M. Le Thieur de la manière suivante :

« Je suis assuré, dit-il, à la *Préservatrice;* je paie dix centimes par journée de dix heures et par homme assuré. Je retiens cinq centimes par jour à mes ouvriers, qui *n'ont jamais fait d'observations;* comme certains d'entre eux font partie de Sociétés de secours mutuels, avec l'allocation de la Société, ils retrouvent à peu près, pendant les jours de maladie, le prix de la journée ».

Ce partage de la prime d'assurance par moitié entre l'entrepreneur et les ouvriers, est la règle assez généralement admise dans notre Ville. Quelques industriels cependant laissent la prime entièrement à la charge des ouvriers; il en est ainsi des ouvriers paveurs (voir déposition de M. Pélain, section I); d'autres, comme

MM. Maurel et Prom pour l'huilerie de Bacalan, Charles Cazalet, négociant en vins à la Bastide, la prennent entièrement à leur charge (voir sections I et XIV.)

On s'accorde généralement aujourd'hui à admettre ce qu'on appelle le *risque professionnel*, c'est-à-dire le risque inhérent à la nature de l'industrie, que la prudence et la vigilance peuvent amoindrir, mais non éviter entièrement et faire disparaître.

Il est entendu que le risque professionnel s'applique aux cas de force majeure, et non aux accidents qui sont le résultat de la volonté ou de l'imprévoyance manifeste, équivalant à la *faute lourde*, de l'industriel ou de la victime; dans ce cas, le *droit commun* devrait reprendre son empire.

La loi qui a été votée par la Chambre des Députés, met la garantie du risque professionnel entièrement à la charge du chef d'industrie. Cette mesure a été inspirée par cette pensée, qui ne nous paraît pas juste, « que l'industrie a été créée pour le profit exclusif de l'entrepreneur ». C'est là manifestement une conception fausse, dangereuse même, parce qu'elle accentue davantage encore cette opposition d'intérêts, qui n'existe que trop déjà dans notre industrie entre les patrons et les ouvriers. L'industrie profite incontestablement à tous ceux qui concourent à son fonctionnement, et puisqu'il existe un danger qui est le résultat fatal de la *force des choses*, la garantie de ce danger devrait incomber tout à la fois au chef d'industrie et aux ouvriers. Il résulte des témoignages que nous avons pu recueillir, que les ouvriers acceptent, assez volontiers, de participer à la prime d'assurance soit pour un tiers soit pour une moitié.

En dehors des assurances contre les accidents, qui sont assez générales pour les ouvriers du bâtiment, des Sociétés de *secours mutuels*, dont la généralité des ouvriers font partie, des caisses de retraite et des hospices, dont il sera question dans les sections VI et VIII, il n'existe pas d'institutions spéciales, dans notre Ville, pour le soulagement des misères et de la vieillesse des travailleurs. (Voir toutefois section XIV, divers prix fondés pour encourager et récompenser l'ancienneté des services.)

M. Le Thieur qui occupe depuis trente-deux ans, comme nous l'avons vu plus haut, un assez grand nombre d'ouvriers, donne, dans sa déposition, une appréciation générale de la situation des ouvriers qu'il a eu sous ses ordres. Nous reproduisons cette appréciation parce qu'elle peut servir de type pour l'ensemble des ouvriers employés dans cette branche de l'industrie :

« Les terrassiers et les manœuvres, dit M. Le Thieur, font peu d'économies; ceux qui résident continuellement à Bordeaux augmentent leurs ressources par le travail des femmes et des enfants; certains d'entre eux ont des ménages qui font plaisir à voir.

» Les tailleurs de pierre étrangers à Bordeaux, viennent dans cette ville pour se perfectionner; quelques-uns deviennent appareilleurs et entrepreneurs. Dans ma carrière d'entrepreneur, parmi les ouvriers que j'ai occupés, sept à huit sont devenus appareilleurs et entrepreneurs; *l'origine de la plupart des entrepreneurs de Bordeaux est venue de là.*

» Les maçons, qui viennent en général du Limousin, travaillent environ neuf mois et emportent chez eux, à la fin de la campagne, des économies de 400 à 600 francs. Ils augmentent leur petite propriété, qui leur suffit quand ils sont vieux. Parmi ces anciens ouvriers, il y en a au moins sept à huit, qui vivent dans une demi-aisance. »

Ces résultats observés par M. Le Thieur sur le petit groupe d'ouvriers qu'il a occupés, peut se généraliser et s'appliquer aux autres chantiers, dont le personnel est composé, à peu de chose près, des mêmes éléments.

### OUVRIERS PAVEURS.

**Mémoire de M. PELAIN, entrepreneur de pavages.**

Les ouvriers paveurs dans Bordeaux sont au nombre de 200, dont les trois quarts sont occupés habituellement par les travaux de la Ville et l'autre quart, par les travaux des particuliers.

Le prix de la journée de travail est en moyenne de 5 francs.

La durée de la journée varie suivant les saisons; elle est de 10 heures en été, de 8, et même de 7 heures, dans le gros de l'hiver.

M. Pelain fait observer que le salaire reste le même bien que la durée de la journée varie, et il ajoute à ce sujet les considérations suivantes que nous croyons devoir reproduire :

« Cette mesure que nous croyons utile et que nous voudrions voir établir partout, existait depuis longtemps à Bordeaux, et j'ai jugé qu'il était bon de conserver ce système, principalement au point de vue humanitaire, car l'hiver est la saison de l'année où les besoins sont le plus grands; ce n'est donc pas au moment où l'ouvrier a le plus besoin de ressources, qu'il faut lui donner un moindre salaire; il vaut mieux lui donner une journée uniforme, car l'expérience a prouvé que ce n'est jamais que le petit nombre qui économise lorsqu'il gagne une forte journée, pour conserver quelque chose dans les mauvais jours. »

Nous ne saurions trop approuver cette sage mesure, et donner notre assentiment aux considérations qui la justifient. La saison rigoureuse de l'hiver est précisément une époque de ralentissement des travaux dans un grand nombre de chantiers, et toutes les fois qu'une industrie se prête à cette combinaison, il serait désirable de voir établir un salaire moyen, afin d'atténuer les effets de la saison rigoureuse.

Nous devons ajouter qu'il en est ainsi pour les constructions navales par suite d'un vieil usage du Port de Bordeaux, qui a toujours été observé. (Voir déposition de M. le Directeur des Chantiers et Ateliers de la Gironde, section I.)

Depuis 1878, les ouvriers paveurs sont garantis contre les accidents par une compagnie d'assurance, moyennant un pour cent qui est *prélevé intégralement sur leur salaire;* ils reçoivent de la compagnie pendant l'incapacité de travail, la demi de leur salaire habituel, plus les soins médicaux et les médicaments, et, en cas de mort, mille francs à la veuve ou aux enfants.

« En cas d'incapacité absolue de travail, 300 francs de rente annuelle sont attribués à l'ouvrier blessé, et 200 francs de rente, dans le cas d'incapacité permanente de travail professionnel.

» En dehors de cette assurance, les ouvriers paveurs ont formé entre eux, depuis cinq à six ans, une Société mutuelle de secours, et, moyennant deux francs par mois qu'ils versent à la Société, ils reçoivent deux francs par jour pendant que dure la maladie dont ils peuvent être atteints ».

Comme supplément venant s'ajouter au salaire, M. Pelain a établi une combinaison qu'il décrit ainsi : « En général, les ouvriers sont à la journée; mais, pour les stimuler et comme prime d'encouragement, je donne beaucoup de travaux à la tâche, avec un prix établi pour le mètre carré de pavage, et tout ouvrier qui fait ressortir plus que sa journée, a droit à un supplément, ce qui fait que les ouvriers vaillants et habiles se font de 6 à 8 francs par jour, quelquefois davantage ».

Sur la situation générale de cette catégorie de travailleurs, voici l'appréciation que donne M. Pelain :

« On voit, d'après ce qui précède, que l'ouvrier, en cas de maladie, est à l'abri du besoin, et comme le salaire qu'on lui donne est assez rémunérateur (nous avons pu constater par nos livres que, depuis vingt à vingt-cinq ans, les salaires avaient augmenté de quinze à vingt pour cent), l'ouvrier sage peut se suffire aisément; il en est même quelques-uns qui épargnent assez pour pouvoir vivre dans leur vieillesse des économies qu'ils ont faites ».

## CONSTRUCTIONS NAVALES.

### Mémoire de M. le Directeur de la Société anonyme des Chantiers et Ateliers de la Gironde.

Nous n'avons reçu, concernant l'industrie maritime, qu'un seul mémoire en réponse, émané de la Direction de la *Société anonyme des Chantiers et Ateliers de la Gironde*. C'est du reste le seul établissement de cette nature qui ait quelque importance dans notre Ville.

Bordeaux possédait autrefois de nombreux chantiers de constructions qui s'étendaient le long du fleuve sur les quais de Palutade, à Lormont et à Bacalan; ses navires en bois étaient recherchés pour leur solidité et l'élégance de leurs formes.

Les opinions peuvent différer sur les causes qui ont contribué à la décadence de cette industrie dans notre Ville; sans nous appesantir sur ce point, nous pouvons dire cependant que cette décadence est généralement attribuée à trois causes principales :

1° A la grève des charpentiers et calfats, en 1865, qui porta un coup funeste aux *constructions mixtes* en fer et bois qui étaient alors en faveur ; plusieurs chantiers se fermèrent à la suite de la prétention des ouvriers d'assimiler, pour le prix de la journée, les apprentis aux ouvriers ordinaires ;

2° A la transformation rapide qui s'opéra ensuite dans l'art de la construction et de la navigation, par la substitution des navires à vapeur en fer aux navires à voiles ;

3° A notre législation douanière, qui apporte un sérieux obstacle à la libre admission des matières qui entrent dans la construction des navires en fer.

La *Société anonyme des Chantiers et Ateliers de la Gironde*, établie en Queyries, sur la rive droite du fleuve, s'est mise à la hauteur, pour son installation et son outillage, des exigences que comportent les nouvelles constructions.

Le nombre des ouvriers occupés est en moyenne de 800.

Dans ce nombre, on compte 35 enfants de 14 à 15 ans.

Les ouvriers sont en général de Bordeaux ; il y a seulement une trentaine d'Espagnols.

Les salaires se règlent généralement à la journée ; quelques travaux courants et dont la production est facile à constater, sont toutefois exécutés à la tâche.

Le prix de la journée varie, suivant la nature des travaux : de 3 fr. 25 pour les simples manœuvres, jusqu'à 5 francs pour les charpentiers calfats.

Les enfants sont payés 1 fr. 50.

De même que pour les ouvriers paveurs, suivant un ancien usage du Port de Bordeaux, le prix de la journée est le même en hiver comme en été, bien que la durée du travail varie d'un tiers.

La journée est de 11 heures en été, et de 8 heures 1/2 en hiver.

Il y a un assez grand écart entre les prix à la journée, et ceux que les ouvriers retirent du *marchandage*, qui s'élèvent en moyenne à 8 francs.

Cet écart a été cause d'une tentative de grève de la part des *riveurs* qui ne voulaient pas adhérer à une diminution du marchandage; mais des concessions réciproques ont été faites, et la grève n'a pas eu de suite.

Depuis six ans que la Société a été fondée, les salaires à la journée n'ont pas subi de variation; ceux au marchandage ont diminué d'environ 20 pour 100.

Un bon ouvrier ordinaire gagne annuellement 1,400 francs.

Il n'y a pas de *chômage* proprement dit, c'est-à-dire abandon complet du travail, seulement lorsque les affaires se ralentissent le nombre des ouvriers est diminué.

La *Société des Chantiers et Ateliers de la Gironde* ne fait pas les appareils à vapeur, mais, avec le concours des usines du Creuzot, elle livre le navire complètement armé et prêt à prendre la mer.

Le chiffre annuel d'affaires, pour la production propre à la Société, est de 2.500.000 francs, sur lequel les salaires prélèvent environ 800.000 francs.

Telle est, en résumé, la *Monographie* des Chantiers et Ateliers de la Gironde, qui ont maintenu dans notre Ville cette industrie des constructions navales, autrefois si prospère, en mettant leur outillage en harmonie avec la transformation qui s'est opérée, depuis un quart de siècle, dans l'art de la navigation. Les efforts et les sacrifices des fondateurs méritent assurément d'être encouragés. (Voir, pour plus amples détails, le mémoire de M. Le Belin de Dionne, section I.)

### Mémoire de M. FLEURY, Directeur de l'Huilerie Maurel et Prom, à Bacalan.

L'Huilerie Maurel et Prom, à Bacalan, occupe par moments jusqu'à 548 ouvriers des deux sexes :

Hommes......... 183 } 548.
Femmes.......... 365 }

Ces ouvriers sont Français, à l'exception de 2 Italiens et de 9 Espagnols.

Il y a quatre apprentis de 14 à 16 ans, munis de leur certificat d'études.

Trente-six départements concourent au recrutement de ce personnel hétérogène, mais les départements de la Gironde, des Basses-Pyrénées, de la Dordogne et des Landes, en fournissent les 64/100.

L'établissement transforme en huile comestible les graines oléagineuses d'arachides et de sésames.

Le chiffre annuel des affaires est très variable.

La nature de l'industrie entraîne des variations assez fréquentes dans le nombre des ouvriers occupés, surtout parmi les trieuses qui ne sont embauchées que lorsque, dans une cargaison, se trouve des graines avariées.

Le salaire est payé à la journée pour les hommes, et généralement à la tâche pour les femmes.

### Taux des Salaires; comparaison entre 1876 et 1888.

| Nature de l'emploi. | Salaire en 1876. | Salaire en 1888. | Différence en plus. |
|---|---|---|---|
| Charpentiers et piqueurs... | 4f » | 6f » | 2f » |
| Forgerons et ajusteurs..... | 3 50 | 5 50 | 2 » |
| Machinistes................ | 3 25 | 4 » | 0 75 |
| Chauffeurs................. | 3 25 | 4 » | 0 75 |
| Manœuvres................. | 2 50 | 3 50 | 1 » |

L'augmentation varie, comme on le voit par ce tableau, suivant la nature de l'emploi; mais M. le Directeur estime que, dans l'ensemble, l'augmentation a été en moyenne de 17 0/0, depuis les douze dernières années.

Les femmes à la journée gagnent 2 fr. 25; pour celles en plus grand nombre qui sont à la tâche, le salaire varie de 1 fr. 25 à 3 fr., pour une journée de huit heures.

Un ouvrier ordinaire, en tenant compte des chômages, se fait dans l'année de 1.000 à 1.100 fr.; s'il est marié, et si sa femme travaille également à l'usine, ils peuvent réaliser tous les deux environ 1.500 fr.

La plupart des ouvriers, pendant les chômages, s'occupent sur les quais, ou à des travaux de jardinage dans la banlieue.

La moyenne annuelle des salaires payés à l'ensemble du personnel s'est élevé, depuis 1883, à 220.000 francs.

L'usine marche jour et nuit toute l'année, et n'est arrêtée, en dehors des chômages, que les dimanches et jours fériés.

Durant les cinq dernières années, la moyenne annuelle des journées de travail a été de 259 ; celle des journées de chômage de 41.

### Encouragement au travail et à la durée des services.

Par suite de l'instabilité du personnel, il n'a pas été possible de faire participer les ouvriers dans les bénéfices industriels. Mais des encouragements leur sont attribués sous diverses formes.

Ainsi, tout le personnel de l'usine est assuré contre les accidents, sans qu'aucune retenue soit faite sur son salaire.

Tout ouvrier blessé au service de l'usine, reçoit les deux tiers du salaire normal, pendant tout le temps que dure son incapacité de travail.

Des secours sont accordés à l'ouvrier marié, dont la femme est en couches.

Des gratifications sont distribuées chaque année aux ouvriers qui se sont fait remarquer par leur assiduité au travail, leur intelligence et leur dévouement.

Des secours sont également accordés aux ouvriers de l'usine infirmes ou âgés, auxquels des emplois légers sont toujours réservés.

Telle est, d'une manière générale, la *Monographie* de l'usine Maurel et Prom, qui compte parmi les grandes industries de notre ville. Grâce à l'esprit conciliant des patrons et du Directeur, aucun désaccord sérieux ne s'est produit parmi ce personnel, composé cependant d'éléments hétérogènes ; une seule tentative de grève eut lieu en 1883, sous l'excitation des ouvriers de Marseille, mais l'entente fut bientôt rétablie et la grève ne dura qu'un jour.

## SECTION II

### Participation aux bénéfices; Associations coopératives de production.

—

*Considérations générales.*

La *participation aux bénéfices* n'est pas une chose nouvelle dans notre Ville. De temps, pour ainsi dire, immémorial, la plupart de nos maisons de commerce avaient, ce qu'on appelle, un *commis intéressé*. C'était généralement un employé de confiance, qui remplaçait le patron lorsque ce dernier était absent; la part qui lui était attribuée dans les bénéfices était déterminée par l'inventaire dressé à la fin de l'année, et il restait en dehors de toute responsabilité au sujet des pertes qui pouvaient survenir.

Mais, depuis quelques années, cette forme un peu *patriarcale* de la participation a changé de caractère; des industriels soucieux d'établir des rapports plus intimes entre le Capital et le Travail, ont généralisé ce système en l'appliquant à tous leurs auxiliaires.

Une des premières tentatives en ce genre a été faite par M. Leclaire, peintre en bâtiments à Paris. Les résultats si favorables obtenus par la maison Leclaire au moyen de cette nouvelle forme de rémunération, avaient éveillé l'attention des hommes d'étude et des industriels, et un assez grand nombre d'applications de ce système ont été faites depuis une quarantaine d'années, non seulement en France, mais en Angleterre, en Allemagne, en Suisse et généralement dans tous les pays industrieux.

Quelques esprits systématiques se sont emparés de cette idée, et en ont fait une sorte de *panacée* destinée à guérir tous les maux dont souffre l'industrie moderne. C'est évidemment dépasser le but. La *participation aux bénéfices* est une mesure ingénieuse, qui tend à exciter la vigilance de l'ouvrier, à l'éclairer sur la réalité des profits, que certaines doctrines cherchent à exagérer outre mesure dans le but de surexciter l'envie des travailleurs et de susciter ainsi les germes d'une guerre sociale. Il y a évidemment dans cette part attribuée au travail, en sus des salaires, un moyen d'apaisement et de rapprochement entre les deux facteurs de l'industrie, dont la désunion et la défiance réciproque affaiblissent le résultat final.

Mais il ne faut pas attribuer à cette mesure une influence exagérée sur l'organisation de l'industrie ; d'abord la participation aux bénéfices ne peut s'appliquer, ni à toutes les industries, ni à toutes sortes de travaux ; et là où l'application est possible, le résultat ne correspond pas toujours aux efforts et à la bonne volonté des novateurs. Si quelques succès retentissants ont impressionné l'opinion publique, des tentatives plus nombreuses encore ont échoué et trompé les espérances des industriels et des ouvriers. Des circonstances particulières ont pu, dans certains cas, déterminer ces insuccès ; mais une cause plus générale vient : de la nature indécise des liens qui résultent de ce contrat, qui n'est pas une *association,* dans le sens légal du mot, et qui n'est pas davantage, de la part de l'industriel, un acte de pure bienveillance.

Tant que durent les années prospères, que l'inventaire attribue à chaque participant un supplément de salaire assez important, on passe assez facilement sur ce caractère indécis du contrat. Mais qu'une crise survienne, que les résultats de l'inventaire, au point de vue des profits, soient nuls ou insignifiants, alors commencent les récriminations, les exigences et les soupçons ; les participants accusent la Direction, critiquent l'administration, élèvent des doutes sur la sincérité de l'inventaire ; ils demandent à intervenir dans tous ces actes au moyen de délégués. Lorsque l'immixtion des ouvriers est déterminée par ces causes, elle entraîne presque toujours la confusion, le désordre, et la ruine de la participation (quelquefois même de l'industrie) en est la conséquence.

Que ce soit la crainte de ces exigences au point de vue de la Direction et du contrôle de l'inventaire (exigences qui se trouvent en germe dans le projet de loi qui vient d'être soumis à la Chambre des Députés), ou bien encore le nombre assez restreint de grandes industries dans notre ville, — que ce soit l'une ou l'autre de ces causes, ou bien peut-être le défaut d'une propagande suffisante, toujours est-il que la participation aux bénéfices, avec le caractère que nous venons de lui assigner, n'est pas encore entrée dans les idées et dans les habitudes des industriels bordelais.

Un seul mémoire, émané de M. le Directeur de l'*Imprimerie de la Gironde*, nous est parvenu à ce sujet. Nous allons examiner les bases de l'institution créée par M. G. Gounouilhou, en faveur de son personnel.

### Participation aux bénéfices, instituée en faveur des ouvriers et employés de l'Imprimerie de la Gironde.

C'est le 1er juin 1884 que M. G. Gounouilhou, Directeur de l'Imprimerie de la *Gironde*, réunit son nombreux personnel pour lui faire connaître son intention de l'intéresser désormais aux profits de l'industrie à laquelle chacun apportait son concours. Cette déclaration fut suivie d'un exposé, dont nous croyons devoir reproduire les principaux passages, parce que nous ne pourrions mieux faire ressortir le mobile qui a inspiré cette résolution, et le but d'une philanthropie éclairée poursuivi par M. Gounouilhou en vue de l'amélioration du sort de ses auxiliaires. Après avoir rendu justice au zèle et au dévouement de ses collaborateurs, M. Gounouilhou continue ainsi :

« ..... Depuis assez longtemps, j'ai songé à reconnaître les services de cette collaboration; pour cela il m'a semblé que le meilleur moyen était de vous associer aux résultats donnés par l'œuvre commune; de faire que chacun de vous, en sus de sa rémunération fixe, sous forme de salaire à la tâche, de salaire quotidien ou d'appointements, reçût une part des bénéfices du Patron, depuis le plus modeste ouvrier et même depuis la plus humble plieuse ou factrice, jusqu'au rédacteur en chef, à qui son talent a valu une place dans la Représentation Nationale.

Cette association où tous seront moralement égaux, sera une

confraternité nouvelle entre tous les membres du personnel, ainsi qu'entre eux et le patron; elle resserrera les liens qui nous unissent déjà; elle fera de nous tous, je l'espère, une véritable famille, où le dévouement réciproque et l'affection seront choses toutes naturelles et plus assurées encore que par le passé.....

.................................................................

» A l'époque de transition industrielle que nous traversons, au moment où les économistes, en même temps que tous les amis des classes populaires, et tous ceux qui ont dans le cœur des sentiments humains et généreux, se préoccupent d'atténuer la lutte entre le capital et le travail, de faire marcher d'accord et en bonne harmonie ces deux *forces* qui ne peuvent rien l'une sans l'autre, et cherchent à la fois à mettre le capital à la disposition des travailleurs, et à faire profiter les travailleurs des produits directs du capital, la participation des employés et des ouvriers aux bénéfices du patron est assurément un incontestable progrès social.

» Ce n'est assurément pas la solution complète et définitive de la question sociale, qui ne résoudra que peu à peu, par des progrès de détail lents et successifs; mais sans faire disparaître le salariat (probablement appelé dans l'avenir à de grandes transformations), la participation doit y apporter pour le moment une amélioration considérable.....

» Je ne doute pas que, maintenant intéressés aux bénéfices, vous ne tâchiez vous-mêmes de les augmenter par votre travail plus zélé, surtout par votre ordre et votre économie, et vous augmenterez ainsi chaque année votre part. »

Ces considérations indiquent d'une manière générale la pensée et le but de cette mesure, qui se trouvent ensuite déterminés avec plus de précision, dans un règlement dont voici les clauses essentielles :

### Règlement.

« Tous les employés, ouvriers et ouvrières, après un séjour de cinq ans dans la maison, auront droit à une part des bénéfices nets de l'année;

» Ces bénéfices seront déterminés chaque année par l'inventaire qui sera dressé, sans qu'aucun contrôle puisse être réclamé par les participants ;

» La part des bénéfices au personnel, sera au moins de *quinze* pour cent, dont les deux tiers seront répartis entre tous les employés ouvriers et ouvrières ayant cinq ans de présence dans la maison, et l'autre tiers à ceux qui ont douze ans de présence ;

» La part revenant aux participants de la première catégorie sera versée par la maison, au nom de chacun d'eux, à la Caisse des retraites pour la vieillesse ;

» Ces versements seront faits à capital réservé pour les héritiers et ayants droit, avec entrée en jouissance à partir de cinquante-cinq ans, à titre incessible et insaisissable ;

» Le tiers attribué à la deuxième catégorie, à titre de récompense à l'ancienneté, sera compté aux participants en espèces immédiatement après la répartition ;

» Cette répartition, pour la première comme pour la seconde catégorie, sera faite entre les participants au prorata de leurs appointements ou salaires ;

» Toutefois, afin d'éviter des différences trop fortes dans cette répartition, le chiffre des appointements et salaires est limité à un *minimum* de 1,000 francs, et à un *maximum* de 5,000 francs. »

L'article 10 du règlement est à signaler, parce qu'il résout d'une manière assez heureuse, une difficulté qui forme la *pierre d'achoppement* de la participation aux bénéfices : nous voulons parler de l'immixtion des participants dans l'Administration et la Direction. Il n'est pas possible, sous ce rapport, d'ouvrir absolument la porte à tous les intéressés, car la confusion, la discorde et la ruine de l'industrie en découlent fatalement ; d'un autre côté, il n'est guère possible non plus de les exclure de toute sauvegarde de leurs intérêts.

Le Directeur de l'imprimerie de la *Gironde* a résolu cette difficulté, en instituant un comité consultatif, composé :

« Des deux plus anciens rédacteurs ;

» Des deux plus anciens ouvriers ;

» Des cinq plus anciens contre-maîtres ;

» Et de cinq participants élus au scrutin secret par l'Assem-

» blée des participants, à chaque réunion générale annuelle. »

Ce comité se réunit tous les trois mois, sous la présidence de M. G. Gounouilhou;

Il a pour mission :

« De résoudre toutes les questions et réclamations relatives à l'application du règlement;

» D'étudier les questions de secours mutuels, d'assurances, de prévoyance et d'épargne susceptibles d'intéresser le personnel de la Maison.

» Les propositions émanées du Comité consultatif doivent être soumises à l'assemblée générale qui les approuve, les modifie ou les rejette définitivement.

» Dans un article final M. Gounouilhou se réserve le droit de faire cesser la participation aux bénéfices à la fin de chaque année, si cette institution ne donnait pas de résultats satisfaisants ».

Telles sont les bases sur lesquelles repose la participation aux bénéfices établie dans l'Imprimerie de la *Gironde,* en faveur du personnel.

Cette institution n'a donné lieu jusqu'ici à aucune difficulté dans son application, et elle paraît avoir cimenté davantage encore les bons rapports, qui n'ont jamais cessé d'exister, du reste, dans cet établissement entre le personnel et la Direction.

Au moment de l'inauguration, M. Gounouilhou distribua une somme de 22,000 francs, fruit d'une réserve qu'il avait faite dans ce but, aux quarante-deux rédacteurs, employés et ouvriers qui avaient, à ce moment, douze ans de présence dans la Maison. Mais ce n'est que le 1er mai 1885 qu'eut lieu la première répartition des bénéfices. Voici quelle a été depuis cette époque l'attribution faite annuellement aux participants :

24,000 en 1885, répartis entre 141 participants;
24,000 en 1886,      »      162      »
24,000 en 1887,      »      174      »
17,000 en 1888,      »      176      »

Dans la répartition des bénéfices de l'année 1886, M. G. Gounouilhou faisait pressentir la diminution qui surviendrait en

1887 par suite de diverses causes qu'il énumère, et il faisait appel en ces termes, à ses auxiliaires :

» N'oubliez pas que, par la participation, vous avez le même intérèt que la Maison, le même intérèt que le patron à obtenir la production la plus abondante avec les moindres frais..... »

La participation aux bénéfices permet seule de tenir ce langage aux ouvriers et d'invoquer, non seulement le sentiment du devoir, qui n'agit pas sur tous les esprits, mais le mobile plus efficace de la solidarité qui naît d'un intérèt commun.

En outre de l'institution dont nous venons de parler, il existe encore dans l'imprimerie de la Gironde une association particulière entre les ouvriers, pour se garantir contre le chômage occasionné par la maladie.

Cette association n'est pas générale; chaque atelier a sa caisse et son règlement particulier. Toutefois les bases essentielles sont à peu près identiques; en voici un aperçu :

Les ouvriers d'un atelier, lorsqu'un des leurs cesse le travail pour cause de maladie régulièrement constatée, font abandon sur leur salaire de cinq centimes par jour pendant que dure la maladie; de son côté G. Gounouilhou fait une somme équivalente aux versements opérés par l'ensemble des ouvriers de l'atelier.

Les sommes versées par la direction, dans ce but, se sont élevées en 1888 environ à 7,000 francs, qu'il convient d'ajouter à la part de bénéfices attribuée au personnel.

### Sociétés coopératives de production.

Les Sociétés coopératives de production, c'est-à-dire le groupement d'un certain nombre d'ouvriers d'une branche de l'industrie, dans le but d'échapper « aux exigences du Capital et à la domination du Patronat », n'ont jamais eu des racines bien profondes dans notre Ville.

Des tentatives ont été faites par les ouvriers menuisiers, par les ouvriers tailleurs, par les typographes, mais le succès n'a pas répondu aux espérances des novateurs.

Les ouvriers menuisiers, qui sont dans un état d'antagonisme permanent avec leurs patrons au sujet de la série des prix, ont essayé à plusieurs reprises de former un *atelier en commun* indépendant du Patronat, mais ils n'ont pu arriver même à un commencement d'exécution.

Les ouvriers typographes, au nombre de douze, fondèrent, à la suite de la Révolution de Février 1848, un atelier en commun. Le capital fut formé au moyen d'un avance de 18,000 francs que le Gouvernement fit à la société, et d'un apport de 100 francs par chacun des associés.

Cette Société présentait cette particularité que l'un des associés, M. Métreau, se trouvant investi du brevet, occupait forcément une place prépondérante dans la Direction. C'est assurément à cette circonstance qu'il faut attribuer le succès relatif de cette association, qui a existé jusqu'en 1865, sans prendre toutefois un grand développement. Mais, à cette époque, le manque de capitaux pour transformer l'outillage, afin de soutenir la concurrence contre les autres imprimeurs, entraîna un ralentissement dans les travaux et une discorde entre les associés, qui furent obligés de se dissoudre. La Société put néanmoins rembourser à l'État les 18,000 francs qui lui avaient été avancés, et même verser une somme de 1,800 francs dans la caisse de secours mutuels des typographes.

La Société des *ouvriers tailleurs de la Gironde* a suivi à peu près les mêmes phases.

Fondée en 1882 par cinquante ouvriers qui avaient réuni un capital de 12,000 francs, et dirigée par un gérant qui avait été maintenu dans ses fonctions pendant trois ans, la Société avait élargi peu à peu le chiffre de ses affaires; mais, aux élections de 1885, la discorde se mit dans les rangs, le gérant et les administrateurs furent remplacés, et la Société, livrée à des tiraillements, fut déclarée en faillite le mois de novembre 1886.

Il n'existe plus, en ce moment, que deux Sociétés coopératives de *production*, ayant véritablement le caractère d'*atelier en commun* :

1° La Société de la Tonnellerie de la Gironde;

2° La Société des Chapeliers réunis.

Cette dernière Société sera de notre part l'objet d'une étude spéciale, sous le titre de : *Monographie d'une Société coopérative de production.*

### Société coopérative de production de la Tonnellerie de la Gironde.

L'origine de cette Société remonte à une coalition qui eut lieu, en 1871, entre les ouvriers tonneliers; 300 d'entre eux se réunirent à cette époque pour maintenir le taux des salaires, au besoin par la grève, et s'engagèrent, dans ce but, à verser 0 fr. 50 par semaine. La grève fut évitée par des concessions mutuelles, et les versements hebdomadaires s'élevaient, en 1875, à 5,000 fr.

Il fut décidé, à ce moment, que ces 5,000 francs, qui n'avaient pas eu d'emploi, serviraient de premiers fonds pour constituer un *atelier en commun*, afin d'être à l'abri des chômages et de la diminution des salaires que les patrons pourraient encore leur imposer.

Soixante-cinq ouvriers participèrent à cette fondation.

Le capital fut fixé à 20,000 francs.

Le quart, exigé par la loi, se trouvant réalisé par les 5,000 fr. déjà amassés, le complément devait être fourni au moyen d'un versement, par chaque associé, de 0 fr. 50 par semaine.

La Société était administrée par un conseil de douze membres qui désignaient parmi eux : un président, un gérant-trésorier et un secrétaire.

La Présidence, qui n'exerçait qu'une influence morale, au point de vue de la discipline des Assemblées, a été attribuée successivement, par le vote, à différents membres, mais le gérant est resté le même depuis l'origine, remplissant, en réalité, le rôle d'un Patron.

C'est à cette circonstance qu'il faut sûrement attribuer le fonctionnement de cette société et sa prospérité relative, malgré les crises qu'elle a traversées par suite des fléaux qui se sont abattus sur nos vignes.

La Société était formée pour une durée de 10 ans. Mais, en 1883, elle fut renouvelée sur les mêmes bases, en élevant le

capital à 10,000 francs, qui devaient être formés par ces versements hebdomadaires de 0 fr. 50.

Les associés reçoivent chaque semaine le prix de leur travail
à la tâche, d'après un ancien tarif arrêté d'un commun accord
entre les patrons et les ouvriers tonneliers.

Chaque associé réalise en moyenne 30 francs par semaine.
Quelques-uns, exceptionnellement, arrivent à 40 francs.

A la fin de l'année, les bénéfices sont répartis, et les associés
les laissent, en général, en accroissement du capital pour
augmenter les approvisionnements de matières premières et
pour l'amélioration de l'outillage.

Ces bénéfices, sans être considérables, prouvent cependant
que la Société progresse lentement.

Elle s'est constituée en 1875 avec. . . .   5,000 francs.
En 1885, la Société possédait. . . . . . :   25,000   »
Elle en possède actuellement. . . . . .   30,000   »

Le chiffre de ses affaires est, en moyenne, de 60,000 francs
par an.

### Ouvriers chapeliers réunis
### ou monographie d'une Société coopérative de production.

La tentative faite par les *Ouvriers chapeliers réunis* mérite,
avons-nous dit, une mention spéciale, parce qu'elle est de
nature à éclairer les ouvriers sur les illusions qu'on cherche à
faire naître dans leur esprit, au sujet « de la répartition des
» bénéfices industriels, et de la part exorbitante que prélève-
» raient abusivement le Capital et le Patronat, au détriment
» des salariés. »

Vers 1882, dix ouvriers chapeliers, qui se trouvaient sans
travail par suite de la liquidation de la fabrique à laquelle ils
étaient attachés, résolurent de fonder eux-mêmes un *atelier en
commun*.

C'était des ouvriers éprouvés, se connaissant tous et connaissant les aptitudes spéciales de chacun d'eux.

Ils n'étaient pas sans ressources, car chacun apportait une
somme de 500 francs pour former le premier fonds.

Ce capital de 5,000 francs n'était pas suffisant pour acheter
le matériel d'un ancien atelier qui venait de liquider, pour

s'installer, se pourvoir de quelques marchandises et attendre les rentrées.

Comme ces ouvriers étaient connus, que leur désir de ne pas laisser tomber une industrie, qui avait été autrefois florissante dans notre Ville, inspirait de la sympathie, ils trouvèrent, aux conditions les plus favorables, l'avance d'une somme de 8,000 fr. qui leur était nécessaire pour commencer à marcher.

L'essai d'un atelier en commun se présentait donc dans les conditions les plus favorables. Les associés s'étaient partagé les diverses tâches, suivant leurs aptitudes spéciales ; il n'y a eu sous ce rapport, aucun désacord entre eux. Les bénéfices industriels leur étaient intégralement attribués, sans prélèvement du Patronat, et avec un intérêt très réduit pour le capital qui leur avait été avancé.

Nous avons personnellement suivi et encouragé ce groupe *corporatif de production*, et voici le résultat tel que nous avons pu le constater d'après les inventaires régulièrement dressés :

La première année (1882) les associés se sont réparti, en moyenne, 17 fr. 25 par semaine, et l'inventaire au 31 décembre, a constaté une perte de 2,019 fr. 95 ;

En 1883, la répartition a été de 19 fr., et la perte de 47 fr 15 ;

En 1884, la répartition a été de 25 fr. 30 ;

En 1885, la répartition a été de 27 fr. 40, avec un bénéfice de 380 fr. 52 ;

En 1886, la répartition a été de 28 fr. 25, avec une perte de 1,000 francs ;

En 1887, la répartition s'est élevée à 37 fr. 11, avec 206 fr. 11 de bénéfices ;

En 1888, la répartition est descendue à 27 francs, avec un un bénéfice de 1,917 fr. 55, mais dans ce bénéfice présumé, se trouvent, d'après le comptable, environ 1,500 francs de créances très douteuses.

Ainsi après dix années de travail, d'efforts, de préoccupations, ce groupe ouvrier, travaillant pour lui, n'ayant à partager avec personne, n'a pu arriver qu'à une répartition équivalent tout au plus aux 2/3 du salaire normal que gagnent les ouvriers à façon dans un atelier de chapellerie.

## SECTION III

### Syndicats professionnels.

—

*Considérations générales.*

Malgré la loi du 17 juin 1791, qui interdisait aux ouvriers et entrepreneurs d'une même industrie « de se réunir et de se concerter pour leurs intérêts communs », il existait, dans notre Ville, avant la loi du 21 mars 1884, un assez grand nombre de *Syndicats* et de *Chambres syndicales,* qui étaient tolérés par l'administration. Mais, à l'exception des *Chambres syndicales des Entrepreneurs du Bâtiment,* qui avaient acquis quelque autorité et rendu un réel service en rédigeant un tarif servant de guide et de contrôle dans les constructions, peu de ces syndicats exerçaient une influence sérieuse; la plupart vivaient d'une vie nominale et précaire, ayant peu de membres, peu de ressources, et ne prenant l'initiative d'aucune création utile dans leur sein.

L'existence des syndicats ouvriers ne se manifestait que dans les conflits industriels, ou bien encore par les demandes de subventions adressées à la Municipalité, pour envoyer des délégués aux Expositions universelles.

La loi du 21 mars 1884 changea cet état de choses. Les syndicats investis de la *personnalité civile,* ayant des attributions et des droits déterminés par la loi, prenaient désormais une place dans notre état social. De cette évolution, quelques esprits s'en alarmaient; mais le plus grand nombre y voyaient au contraire une ère nouvelle destinée à améliorer le sort des travailleurs.

Les avantages de la loi sur les *Syndicats professionnels* ne furent pas d'abord compris dans notre Ville par la population ouvrière, qui témoigna une certaine défiance pour cette nouvelle forme légale donnée au groupement des facteurs qui concourent à la production.

Dans le courant de l'année 1884, douze demandes avec dépôt des statuts, comme l'exige l'article 4 de la loi du 21 mars 1884, furent faites à la police municipale; mais ces demandes émanaient exclusivement : d'entrepreneurs, de commerçants, de fabricants et de médecins; l'élément ouvrier était jusque-là resté à l'écart. Cet éloignement, toutefois, et cette indifférence ne furent pas de longue durée.

Au 31 décembre 1885, on comptait, dans Bordeaux, 39 syndicats ayant rempli les formalités légales, et, dans ce nombre, les syndicats ouvriers figuraient pour un tiers.

Depuis cette époque, le nombre des syndicats régulièrement constitués s'est accru progressivement, et l'on peut dire aujourd'hui que toutes les branches de notre industrie, à peu d'exceptions près, ont eu recours à cette forme légale pour la défense de leurs intérêts.

Voici le tableau qui nous a été adressé à ce sujet par la division de la Police municipale :

Le 31 décembre 1886. { Syndicats patrons.... 26 — ouvriers... 26 } 52

Le 31 décembre 1887. { Syndicats patrons.... 31 — ouvriers... 45 — mixte...... 1 } 77

Le 31 décembre 1888. { Syndicats patrons.... 31 — ouvriers... 47 — mixte...... 1 } 79

Le nombre des membres adhérents était d'environ 7,000.

3,000 faisant partie des syndicats patrons.
3,500 — — ouvriers.
250 — — mixte.

Le capital accusé au 31 décembre 1888 s'élevait :

Pour les syndicats patrons, à......... 29.183 francs.
Pour les syndicats ouvriers, à........ 143.598 »
Pour le syndicat mixte, à ........... 400 »
Ensemble, ....... 173.181 francs.

A l'exception : des Chambres syndicales se rattachant au
*Bâtiment*, dont l'existence est ancienne et qui a rendu, comme
nous l'avons dit, de réels services dans notre Ville, des *Employés
de commerce*, dont nous faisons plus loin une monographie spéciale, et qui entre pour 102,000 francs dans le capital de 143,598
francs accusé par les |syndicats ouvriers, du syndicat du *Com-
merce en gros des vins et spiritueux*, la plupart des autres syndicats avaient trop peu de ressources pour poursuivre isolément la
création d'institutions utiles à l'ensemble de leurs intérêts.

Aussi, un mouvement de rapprochement et de fusion n'a pas
tardé à se produire, sous le nom d'*Unions*.

Les syndicats patrons fondèrent, le 31 juillet 1885, une asso-
ciation, sous le nom d'*Union générale des Syndicats girondins*.
Cette *union* comprend onze syndicats dont la nomenclature suit :
Syndicat des Capitaines au long-cours ;
>> du Commerce de la morue ;
>> des Commissionnaires en bestiaux ;
>> des Saindoux et des Salaisons ;
>> des Vins en gros et des Spiritueux ;
>> des Hôteliers, Cafetiers et Restaurateurs de Bordeaux
et du Sud-Ouest ;
>> des Bijoutiers-Joailliers ;
>> des Patrons ébénistes et fabricants de meubles de
Bordeaux ;
>> des Maîtres Tailleurs de Bordeaux ;
>> de l'Union de la Boucherie et de la Charcuterie.

Ces syndicats, tout en conservant leur autonomie, sont unis
par un lien commun en vue d'opérer, par l'ensemble de leurs
efforts, des améliorations qu'ils ne pourraient pas réaliser
isolément.

Le dernier compte-rendu du secrétaire général donne une
idée des travaux de cette association et de l'esprit libéral qui la
dirige dans ses résolutions. C'est ainsi qu'elle s'est prononcée :
Contre l'aggravation des droits sur les céréales ;
Contre la prohibition des viandes salées d'Amérique.
Qu'elle a émis un vœu favorable :

A la création d'un Musée commercial;

A la création d'une Bibliothèque d'art et d'industrie.

Dans un précédent compte-rendu, l'*Union des Syndicats* avait demandé : « la mise à l'étude de la question des rapports à établir entre patrons et ouvriers, au moyen d'un *Conseil syndical mixte* de patrons et d'ouvriers qui aurait pour mission de concilier les différends particuliers d'ouvriers à patrons, de prévenir et de conjurer les grèves ».

Un mouvement semblable de rapprochement s'est opéré parmi les syndicats ouvriers; seulement, des divergences sur les tendances, le but et les moyens à mettre en œuvre, ont divisé ces derniers syndicats en deux groupes jusqu'ici distincts.

Le premier groupe, sous le nom d'*Union des Chambres syndicales ouvrières de Bordeaux et du Sud-Ouest*, comprend :

Le Syndicat des Employés de commerce.
   »     des Jardiniers.
   »     des Malletiers et Coffretiers.
   »     des Garçons limonadiers.
   »     des Ouvriers plâtriers.
   »     des Cuisiniers.
   »     des Anciens employés retraités de Bordeaux.
   »     des Ouvriers typographes.

Le second groupe, dont les tendances sont plus accentuées, et qui a participé à la réunion des *Congrès ouvriers*, comprend, sous le nom d'*Union des Chambres syndicales de Bordeaux :*

Le Syndicat des Mouleurs et fondeurs en métaux.
   »     des Coupeurs-Tailleurs.
   »     des Ébénistes-Billardiers.
   »     des Voyageurs de commerce.
   »     des Arrimeurs.
   »     des Ouvriers menuisiers.
   »     des Fabricants de caisses.
   »     des Serruriers.
   »     des Faïenciers-Porcelainiers.
   »     des Pâtissiers-Glaciers.

Le Syndicat des Scieurs de long.
»        des Paveurs.
»        des marins du commerce;
»        des charpentiers de navires;
»        des charbonniers du port;
»        des ouvriers boulangers;
»        des charpentiers de haute futaie;
»        des verriers en verre blanc;
»        des ouvriers mécaniciens;
»        des ouvriers raffineurs;
»        des bourreliers-selliers.

Nous ferons remarquer que, parmi les syndicats qui figurent nominalement dans ce dernier groupe ouvrier, un assez grand nombre n'ont pas d'organisation sérieuse, ce qui explique leur refus de se soumettre aux formalités exigées par la loi de 1884, formalités très simples cependant, et qui auraient l'avantage de leur donner un caractère et des attributions régulières qu'ils ne peuvent avoir sans cela.

Ce groupement des divers éléments du travail a été favorisé, d'une manière générale, par le bon esprit de la population, et en outre par une circonstance particulière sur laquelle nous ne saurions trop appeler l'attention, parce que, d'après nous, elle renferme l'avenir des syndicats.

### Syndicat mixte de la Cordonnerie de la Gironde.

Sur l'initiative de quelques industriels, plus spécialement de M. Chabrat, chef d'une fabrique de chaussures, il a été formé, dans la grande industrie de la cordonnerie, un *Syndicat mixte*, composé tout à la fois de patrons et d'ouvriers. Ce syndicat, admis dans l'Union patronale, et dans l'Union ouvrière, est devenu un lien entre ces deux groupes qui se sont ainsi forcément rapprochés, ont pu discuter ensemble certaines mesures générales, et se mettre d'accord notamment pour la création d'un cours d'*économie industrielle*.

Les fondateurs du Syndicat mixte, indiquent, du reste, avec une

3

grande hauteur de vues, leur pensée et leur but dans l'article 1er des statuts ainsi conçu :

« La Chambre syndicale a pour but : d'unir dans des liens intimes et fraternels, les patrons, employés, ouvriers, apprentis, en un mot, tous les membres de la Cordonnerie et des métiers qui s'y rattachent afin d'étudier, dans une union parfaite, les moyens de défendre leurs intérêts communs, d'élever le niveau professionnel, moral et intellectuel de chacun de ses adhérents, et de s'efforcer de donner à tous une plus grande somme de bien-être.

» Pour arriver à ce résultat il y a deux théories : celle de l'antagonisme qui, au détriment de l'intérêt général, vient diviser en deux camps les patrons et les ouvriers, et les maintient dans un état de suspicion et de lutte.

» Ce système qui tend infailliblement à l'affaiblissement de l'industrie, nous le repoussons, pour nous rattacher à la théorie que définit si bien un économiste éminent (1) :

» C'est la théorie de l'accord naturel des intérêts légitimes et de l'identité de la justice et de la prospérité, du progrès matériel et du progrès moral. C'est la théorie qui apprend aux hommes, et non seulement aux hommes, mais aux sociétés et aux nations qu'il y a plus de profit à s'aider qu'à se nuire et à s'aimer qu'à se haïr; c'est la théorie qui dit que les prospérités rayonnent et que les adversités se partagent, c'est la théorie de l'harmonie pour l'appeler par son nom.... »

« C'est pour mettre en pratique cette théorie que le Syndicat fait appel à tous les généreux sentiments, à toutes les bonnes volontés pour que chacun, selon son savoir, son cœur, son expérience, collabore dans la limite de ses moyens, à rendre prospère et féconde l'œuvre humanitaire et sociale que nous voulons fonder. »

Le Syndicat mixte de la cordonnerie réunit environ 250 membres patrons et ouvriers, en nombre à peu près égal, unis jusqu'ici dans un sentiment de confraternité qui se manifeste

(1) M. Frédéric Passy.

par un ensemble de vues au sujet de l'organisation d'une *école d'apprentissage* actuellement à l'étude, et dans le *banquet annuel* qui rapproche les deux facteurs de cette branche importante de notre industrie, et les confond dans une pensée commune de solidarité et de concorde.

Il serait à désirer que l'initiative prise par ce syndicat, servit d'encouragement et d'exemple aux autres groupes. La loi sur les syndicats professionnels deviendrait ainsi un acheminement vers la solution rationnelle et pacifique de la *question sociale,* solution qu'on poursuivra vainement, tant que le capital et le travail chercheront séparément et exclusivement leur intérêt particulier.

### Monographie de la chambre syndicale des employés de commerce de la ville de Bordeaux.

Dans l'étude générale des Syndicats, la *Société des Employés de Commerce,* mérite une mention spéciale, à cause : du nombre de ses membres, des ressources dont elle dispose, et des institutions qu'elle a créées et dont elle poursuit le développement avec un esprit de sagesse digne des plus grands éloges.

C'est le 5 décembre 1884 que cette Société a fait la déclaration exigée par la loi sur les Syndicats professionnels; mais elle existait depuis le mois de décembre 1869, sous le titre de : *Société des Employés de Commerce de la ville de Bordeaux,* et elle avait déjà pris une importance qui n'a fait que s'accroître depuis cette époque.

Le nombre des Membres, au 31 décembre 1888, était de :

$$
\left. \begin{array}{ll}
\text{Actifs} \dots \dots \dots & 919 \\
\text{Stagiaires} \dots \dots & 116 \\
\text{Honoraires} \dots \dots & 268
\end{array} \right\} \; 1,303.
$$

Le capital possédé par la Société à la même date, était de :

92,721ᶠ 81 affecté aux dépenses courantes ;
55,918 67    »    à la caisse des retraites ;
148,640ᶠ 50 ensemble.

La Société, dès l'origine, s'était donné pour mission : « d'élever le niveau moral, professionnel et économique de l'employé » et elle avait adopté les moyens suivants pour atteindre ce but :

« Création d'un cercle-bibliothèque, dans lequel auraient lieu des conférences et entretiens d'intérêt professionnel, de cours commerciaux, de calligraphie, de comptabilité, de correspondance, de langues vivantes, de géographie etc;

» Organisation d'un service de *placement,* sur des bases telles, que les chefs de Maisons puissent toujours trouver, au siège de la Société, l'employé qu'ils recherchent, et celui-ci, autant que possible, l'emploi qui pourrait lui convenir.

» Organisation d'un service de secours pour les cas de maladie et autres accidents malheureux de la vie. »

Ce programme a été non seulement suivi, mais dépassé.

Des cours ont été fondés, pour la comptabilité, la langue française, les langues : anglaise, allemande et espagnole.

Depuis 1886, les cours de langues étrangères ont été complétés par des séances de conversation, qui ont lieu le mardi de chaque semaine.

Des conférences sur toutes les questions se rattachant au commerce, ont lieu tous les quinze jours;

La Société possède une bibliothèque qui renferme déjà plus de 1,300 volumes, et qui s'enrichit chaque année de dons volontaires et d'acquisitions nouvelles.

Le placement des employés, question si importante, mais si difficile, a été l'objet d'une sollicitude toute particulière de la part de la Société; grâce aux mesures qu'elle a adoptées, et la à la confiance qui s'attache à ses recommandations, elle a pu dans le courant de l'année 1887, malgré la crise qui sévissait sur plusieurs branches du commerce, procurer des emplois à 44 sociétaires, sur 60 demandes environ qui lui avaient été adressées.

Depuis 1873, la Société a organisé un service de secours dans le cas de maladie de ses membres; en 1887, 366 feuilles de visites ont été délivrées à 216 sociétaires. Les frais divers, pharmaceutiques, médicaux et funéraires se sont élevés à 6,436 fr. 95.

Telle est l'œuvre que poursuit le Syndicat des employés de

commerce, qu'il étend et élargit graduellement avec un sens pratique, un amour éclairé du progrès, auxquels on ne saurait trop rendre justice.

### Union Syndicale de la Boucherie et de la Charcuterie.

L'Union Syndicale de la Boucherie et de la Charcuterie n'est composée que de patrons, au nombre de 154, représentant environ la moitié des industriels qui exercent cette industrie dans Bordeaux.

Cette corporation a organisé, à partir de 1882, un bal de charité qui produit chaque année, dans la saison du carnaval, des recettes assez abondantes (6 à 8.000 francs) que la Société répartit entre les diverses institutions charitables de notre Ville.

Le Syndicat est également appelé à donner son avis sur les contestations portées devant le tribunal de commerce concernant : le commerce des bestiaux et les autres litiges qui peuvent surgir au sujet de la triperie, de la boucherie et de la charcuterie. La plupart des affaires contentieuses qui lui sont soumises sont généralement terminées à l'amiable et sans frais appréciables pour les parties.

Bien que le Syndicat *patron* soit distinct du Syndicat ouvrier, il existe cependant des rapports entre les deux bureaux, qui s'efforcent de trancher les difficultés qui peuvent survenir entre ces deux agents de la production.

Il serait à désirer que ce rapprochement devînt encore plus intime par la formation d'un Syndicat *mixte*, qui n'aurait pas seulement à résoudre les difficultés lorsqu'elles sont nées, que chacune des parties a déjà fait *son siège*, mais qui aurait encore pour résultat, dans la plupart des cas, de prévenir ces conflits.

# SECTION IV

## Apprentissage.

Le contrat d'apprentissage avec le caractère patriarchal qu'il avait autrefois, tel, du reste, que le définit la loi du 22 février 1851, est rarement observé dans notre ville.

Il existe bien de jeunes apprentis dans quelques industries, mais leur situation est réglée verbalement, sans aucune convention régulière établissant les obligations réciproques des patrons et des apprentis. Les familles qui placent ainsi leurs enfants ont en vue surtout de profiter, le plus tôt possible, des fruits de leur travail, sans une préoccupation suffisante de leur éducation technique. Les patrons de leur côté n'étant liés par aucune obligation sérieuse, s'attachent peu à des auxiliaires inexpérimentés, qui peuvent les quitter du jour au lendemain s'ils trouvent un avantage supérieur dans un autre établissement.

Quelques industriels, soucieux de l'avenir de notre industrie, se sont préoccupés de cet état de choses, et ont fait des efforts pour y remédier, dans une certaine mesure, en organisant des ateliers d'apprentissage pour leur propre métier. (Voir note ci-bas de M. Chabrat, vice-président du Syndicat mixte de la cordonnerie, et dans l'*Exposition spéciale de la Société Philomathique,* le projet de création d'une *École d'apprentissage* dont cette Société poursuit la réalisation.

D'un autre côté le Conseil des Prud'hommes a fait publier des avis réitérés pour appeler l'attention sur cette importante question de l'apprentissage, et pour engager les parents des apprentis et les industriels à vêtir les prescriptions tutélaires de la loi du 22 février 1851, indiquant les formalités à remplir et les conséquences favorables de ce contrat destiné à former une pépinière de bons ouvriers.

Mais toutes ces mesures ont produit jusqu'ici peu de résultats.

### Enseignement technique.

Mais si les conditions d'un apprentissage régulier font défaut dans notre Ville, par contre l'enseignement technique, sous ses diverses formes, s'y trouve libéralement répandu.

La Société Philomathique tient, sous ce rapport, la première place dans notre Ville. Depuis le commencement de ce siècle, elle a eu l'initiative de toutes les créations utiles au point de vue de l'enseignement populaire et du développement des arts, des sciences et de l'industrie.

Fondée en 1808, elle commença par instituer des cours de sciences, de littérature et de musique, traçant ainsi la voie aux diverses Sociétés scientifiques et artistiques, qui se sont formées depuis et qui ont grandi dans notre Ville.

Élargissant constamment son cercle d'action avec les besoins nouveaux qui se manifestent, elle jette, en 1839, les bases d'un enseignement plus populaire par la création de ses **Classes d'adultes** du soir, qui sont devenues, avec les Expositions publiques dont elle inaugura la série brillante dès 1827, ses deux œuvres fondamentales, qui lui ont valu, à juste titre, la popularité et la considération dont cette Société jouit dans notre ville.

Les classes d'adultes ne comprenaient d'abord que : la *lecture*, l'*écriture*, le *calcul*, le *système légal des poids et mesures*, la *grammaire française*, les *éléments de l'histoire* et *de la géographie de la France* et la *comptabilité*.

Mais cet enseignement élémentaire lui parut bientôt insuffisant; en 1850, la Société entra résolûment dans la voie de l'enseignement *technique* par la création de cours théoriques et pratiques à la fois ; pour la *coupe des pierres*, la *coupe des bois de charpenterie et de menuiserie*, le *dessin* dans ses diverses applications, la conduite des *machines à vapeur*, etc., etc. Cet enseignement professionnel a été constamment élargi et étendu, et aujourd'hui 32 cours, comprenant les langues étrangères : *anglais, espagnol, allemand*, sont ouverts aux *deux mille* ouvriers et employés qui les fréquentent.

En 1867, sur l'initiative du Directeur des classes, M. Schrader.

un nouv eau pas fut fait dans cette voie de l'enseignement populaire par la création de cours destinés aux femmes adultes.

C'était une innovation hardie pour l'époque, qui paraissait même téméraire à quelques-uns, mais dont le succès et les résultats favorables ont dépassé toutes les espérances, car voici en quels termes s'exprime à ce sujet le Directeur actuel, le dévoué et infatigable M. Vergez (1) :

« Ces cours pour les femmes adultes n'ont cessé d'être pour la Société le sujet d'un orgueil bien justifié et d'une satisfaction bien légitime, tant à cause des services qu'ils rendent et des progrès qui y sont réalisés, qu'en raison de la bonne tenue des élèves et des sentiments vraiment exemplaires d'application, d'assiduité, de persévérance dont elles sont constamment animées. On peut dire que, tardivement venue, cette branche nouvelle de l'œuvre Philomathique n'a pas laissé d'être l'une des plus vivaces et des plus fécondes. »

A cet enseignement professionnel si largement réparti, la Société Philomathique a eu la pensée d'en consacrer les résultats au moyen d'Expositions publiques.

C'est en 1827, comme nous l'avons vu, qu'elle ouvrit la série de ces exhibitions industrielles et artistiques, qui ont eu lieu périodiquement depuis, tous les cinq et dix ans ; modestes d'abord, circonscrites au département, elles prirent chaque fois une plus grande extension et une plus grande importance, jusqu'à la dernière exposition internationale de 1882, organisée sous la présidence de M. Alfred Daney, dont le succès est encore dans toutes les mémoires.

C'est encore à l'initiative de la Société Philomathique que sont dus : la création de l'*École supérieure de commerce et d'industrie*, dont nous parlons plus bas, et le *Congrès pour le développement technique de l'enseignement*,' organisé en 1886 avec une rare intelligence par le secrétaire général, M. Eugène Buhan ; ce Congrès attira dans notre Ville les délégués des principales

---

(1) *Notice sur la création et le développement des classes d'apprentis et d'adultes de la Société Philomathique*, par C.-C. Vergez, pag. 99. (V. Exposition de la Société Philomathique, documents annexés.)

nations de l'Europe et les savants distingués qui ont fait une étude spéciale de cette question, que les facilités des communications, les progrès accomplis autour de nous et la concurrence qui en est la conséquence, rendent si opportune et si nécessaire.

Comme couronnement de cet enseignement professionnel, la Société, qui ne s'arrête jamais dans la voie du progrès, a jeté les bases d'une **École d'apprentissage,** dont le secrétaire général M. Eugène Buhan poursuit la réalisation avec une infatigable persévérance.

Telle est l'œuvre considérable de la Société Philomathique. Cette œuvre formera l'objet d'une Exposition spéciale sous forme de tableaux synoptiques, de notices et de documents divers, et le jury sera appelé à en apprécier le mérite.

Mais nous avons tenu dans ce Rapport sur l'ensemble des institutions créées dans notre département au point de vue de l'économie sociale, à faire ressortir l'influence favorable exercée par cette Société sur l'esprit des ouvriers, dont elle a tout à la fois élevé le niveau intellectuel et jeté en même temps dans leur cœur des germes de gratitude, qui se retrouvent dans les rapports généralement bienveillants qui existent dans notre Ville entre les chefs d'industrie et leurs auxiliaires.

L'École supérieure de commerce et d'industrie, fondée en 1874, et sortie également de l'initiative de la Société Philomathique, avec le concours de la Ville de Bordeaux, de la Chambre de Commerce et du Conseil général, offre aux jeunes gens qui se destinent au commerce ou à l'industrie un enseignement technique plus élevé. Cette école, qui occupe pendant le jour le local affecté aux classes d'adultes du soir, a vu le nombre de ses élèves augmenter progressivement. A l'ouverture de l'exercice 1888, on en comptait 108, dont 42 en 2e année et 66 en 1re année, ainsi répartis :

80 pour la section commerciale.
28    »          »      industrielle.

On voit que c'est le commerce dans notre Ville qui attire plus spécialement les préoccupations des jeunes gens et des familles.

Quoi qu'il en soit, les succès que l'École de Bordeaux a obtenus dans les divers concours sous l'habile direction de M. Manès et grâce au dévouement de la Commission de surveillance et de perfectionnement, dont la Société Philomathique, le Conseil Municipal, la Chambre de Commerces et le Conseil général font partie, — ces succès lui assignent une place distinguée parmi les institutions de même nature qui existent en France. Le nombre des bourses créées et le prix modéré des études en rendent l'accès facile aux jeunes gens appartenant à des familles peu fortunées.

Comme la Société Philomathique, l'École de commerce et d'industrie a fait une Exposition spéciale, qui met en relief, au moyen de tableaux et de documents qui s'y trouvent annexés, son mode de fonctionnement, les progrès réalisés et les résultats obtenus.

Dans le même esprit, le Conseil Municipal a eu l'heureuse inspiration d'annexer à la plupart de ses écoles primaires un petit atelier pour le travail du bois et du fer, où les enfants prennent de bonne heure le goût des occupations manuelles, dont une éducation purement théorique aurait pu les éloigner en les rejetant vers la bureaucratie déjà trop encombrée.

Un enseignement technique est aussi donné aux jeunes filles dans les écoles primaires, dans les écoles supérieures, et dans un grand nombre d'*ouvroirs* et d'orphelinats où existent des cours pratiques de couture, de tissage, de coupe des vêtements, etc., etc.

Au point de vue agricole, il existe également à Gradignan, à Villenave-d'Ornon, à Portets, des *refuges* où les jeunes orphelins sont recueillis et dressés aux travaux des champs.

Tous ces moyens d'éducation technique et professionnelle, répartis un peu au hasard, ne remplacent pas toutefois l'apprentissage dans l'atelier, qu'il serait si désirable de chercher à faire pénétrer de nouveau dans les habitudes de l'industrie; ils ne remplacent pas davantage une *École d'arts et métiers*, qui embrasserait, avec plus de méthode, les diverses branches de notre industrie. Il est à regretter que les vœux si souvent émis par le Conseil municipal au sujet de cette création n'aient pas trouvé d'écho auprès des Pouvoirs publics.

## Note de M. CHABRAT au sujet de l'apprentissage.

M. Chabrat, vice-président du Syndicat mixte de la Cordonnerie de la Gironde, nous a adressé, au sujet de l'apprentissage, une note que nous croyons devoir reproduire en substance.

Le président du Syndicat mixte confirme ce que nous avons observé plus haut « que le contrat d'apprentissage est tombé en désuétude, plus particulièrement pour les petits métiers, tels que : tailleurs, chapeliers, coiffeurs, cordonniers, etc., dont l'ensemble tient cependant une grande place dans l'industrie bordelaise »; il constate « que sur une moyenne de 50 ouvriers travaillant à la façon qu'il occupe actuellement, pas un seul n'a d'apprenti, tandis qu'il y a 30 ou 40 ans un ouvrier en avait souvent plusieurs ».

M. Chabrat attribue cet abandon de l'apprentissage à cette circonstance : « que l'enseignement technique, qui est donné d'une manière si large dans les écoles de la Ville et par la Société Philomathique, se borne exclusivement à la manipulation du bois, de la pierre et du fer, ce qui habitue de bonne heure la jeunesse à n'avoir pour objectif que les travaux du bâtiment. »

Cette exclusion de l'enseignement technique de ce qu'on est est convenu d'appeler les *petits métiers,* cause, d'après l'auteur de la note, le plus grave préjudice à notre industrie et à notre commerce d'exportation, dans les États de l'Amérique du Sud, notamment, où des ouvriers, possédant tous les secrets du métier, allaient autrefois apporter nos modes, nos goûts, notre influence, et arrivaient assez fréquemment à la fortune, tandis que ceux qui émigrent aujourd'hui vers ces contrées, n'apportant qu'un savoir très limité, ne peuvent avoir les mêmes chances de réussite

Comme remède à cet état de choses, M. Chabrat voudrait que les divers métiers de la cordonnerie, du vêtement, de l'ameublement, etc., ne fussent pas exclus de l'enseignement technique, et qu'une prépondérance aussi grande ne fût pas accordée, dans les écoles professionnelles, au travail du bois et du fer.

Il exprime également le vœu que les autorités favorisent,

dans la mesure du possible, l'extension des contrats d'apprentissage dans les ateliers, contrats tombés en désuétude, et qu'il serait si désirable de voir entrer de nouveau dans les habitudes industrielles.

A ce sujet, M. Chabrat signale « que le Syndicat mixte de la Cordonnerie étant parvenu, après de grands sacrifices, à fonder une école professionnelle pour les jeunes apprentis cordonniers, les exigences du percepteur, qui n'a vu là qu'un atelier de travail soumis à l'impôt de la patente, avaient placé le Syndicat dans la nécessité de fermer cette école ».

Si les faits sont tels que l'expose le président du Syndicat mixte, il est à regretter, sans doute, que l'initiative privée, poursuivant un but si utile, rencontre précisément ces obstacles de la part de l'Autorité; mais il faut voir là plutôt le résultat d'un malentendu, qu'un examen plus sérieux pourra dissiper.

Quant à l'extension de l'enseignement thechnique, quelque désirable que soit cette mesure, il faut reconnaître que son application rencontre de bien sérieuses difficultés dans notre Ville.

A l'exception de nos vins, qui rentrent plutôt dans le domaine commercial, nous n'avons pas, à Bordeaux, une grande industrie spéciale, comme Lyon, Lille, Rouen, mais des centaines d'industries variées dont l'enseignement pratique ne pourrait être organisé que dans une École d'arts et métiers.

Il est bon d'ajouter, du reste, que certaines parties de l'enseignement technique, tel qu'il est donné aujourd'hui (le dessin d'ornementation, par exemple), tendent à développer le sens artistique des jeunes ouvriers, et que ce développement du goût est favorable, non seulement à l'industrie du bâtiment, mais aux diverses industries dont M. Chabrat se préoccupe plus spécialement.

### Société d'encouragement
### pour le commerce français d'exportation.

Nous croyons devoir placer dans cette section (*Apprentissage et enseignement technique*) une institution très intéressante au point de vue du développement de notre commerce Extérieur.

En 1882, M. Marc Maurel, chef d'une grande Maison de

— 17 —

commerce et président de la *Société de Géographie* de Bordeaux, adressa un mémoire à M. A. Person, président de la *Chambre syndicale d'exportation*, pour lui exposer l'avantage qui résulterait de la formation d'une Société, qui aurait pour but de venir en aide aux jeunes gens instruits et désireux de tenter fortune dans les pays lointains, mais qui ne possédaient pas toujours les ressources nécessaires pour subvenir aux premiers frais d'un long déplacement.

Ce projet, favorablement accueilli, ne tarda pas à se réaliser sous la forme d'une *Société d'encouragement pour le commerce français d'exportation*, dont le but est ainsi défini dans les articles 2, 3 et 4 des statuts :

ART. 2. — La Société a pour but :
De faciliter le placement et l'établissement, à l'étranger ou dans nos colonies, de jeunes Français reconnus dignes de son patronage et justifiant de connaissances commerciales ou industrielles, et d'amener ainsi de nouveaux débouchés à notre industrie nationale.

ART. 3. — A cet effet, la Société recommande, soit à ses correspondants, soit aux représentants officiels de la France, les jeunes gens qui peuvent se suffire par leurs ressources personnelles; elle accorde des passages gratuits et fait des avances pécuniaires, ou vient en aide par tous autres moyens à ceux dont la situation de fortune l'exigerait.

ART. 4. – Les débours consentis par la Société devront lui être remboursés par les bénéficiaires, *dès qu'ils se jugeront à même de le faire*, afin de permettre à la Société d'appliquer à de nouveaux candidats les rentrées ainsi effectuées.

Fondée en 1884, cette Société, sous la présidence de M. Dietz-Monnin, a déjà pris un large développement. Son capital-réserve s'élevait, au 30 juin 1887, à 162,859 fr. 10.

Le nombre des jeunes Français, auxquels la Société a donné son appui moral et pécuniaire pendant les années 1885, 1886, 1887, s'élève à 218, dont 67 pour l'appui moral, et 151 pour l'appui moral et pécuniaire.

Voici les divers points du globe sur lesquels les patronés de la Société d'encouragement se sont fixés :

Dans le nombre, quelques-uns occupent déjà une position qui leur a permis de rembourser une partie des avances qui leur avaient été faites; tous, ou presque tous, ont adressé des rapports sur la situation (au point de vue de nos échanges) de la contrée où ils se sont fixés.

Grâce aux souscriptions, à titre de fondateurs : de la Banque de France, des Chambres de commerce, des Conseils généraux, des Syndicats, etc., et d'un nombre assez considérable de grandes maisons de commerce, la Société a pu réaliser un fonds de réserve de 161,231 francs, qu'elle a converti en un titre de rente 4 1/2 p. 100 de 6,536 francs.

La Société a accordé jusqu'ici en avances à ses protégés une somme qui dépasse 100,000 francs, et le nombre de ceux qui demandent son appui augmente chaque année.

Malheureusement, les recettes annuelles ne suivent pas la même marche; de 45,020 fr. en 1886, elles sont tombées à 29,395 francs en 1887.

Il faut espérer que cette diminution ne sera qu'accidentelle et que les maisons, qui font le commerce avec l'Extérieur, comprendront la nécessité de favoriser et de développer les moyens d'action d'une Société, qui a créé une voie si rationnelle pour étendre dans les contrées lointaines notre langue, nos relations et nos produits. La Chambre de commerce de Bordeaux l'a compris, en s'inscrivant pour une somme de 3,000 francs.

Aussi, bien que le siège de la Société soit établi à Paris, son action s'étend sur toute la France, et notre Ville, par son commerce avec les Antilles, la République Argentine, la Cochinchine, etc., est plus spécialement appelée à profiter du séjour dans ces contrées de jeunes Français instruits, actifs, qui font connaître et apprécier nos produits, tout en nous éclairant sur les ressources que nous pouvons en retirer avec le plus d'avantage pour nos échanges. (V. documents, section IV.)

## SECTION V

### Sociétés de secours mutuels.

—

*Considérations générales.*

Les Sociétés de secours mutuels n'ont pas produit jusqu'ici tous les résultats favorables qu'on pouvait attendre de cette institution si populaire.

Cet insuccès relatif vient de causes générales qui sont actuellement l'objet d'études sérieuses au point de vue de modifications à apporter à la législation qui régit ces Sociétés, et de bases plus judicieuses à établir pour équilibrer leurs ressources, avec les obligations qu'elles contractent en vue d'atteindre ce double but : subvenir aux charges diverses qu'entraîne la maladie pour les sociétaires, et leur procurer une pension de retraite, lorsque les infirmités et la vieillesse les mettent dans l'impossibilité de travailler.

Mais il existe pour notre Ville une cause particulière, qui vient : du fractionnement de ces Sociétés, de l'éparpillement de leurs forces, qui en place un grand nombre dans l'impossibilité de réunir des ressources suffisantes pour parer aux éventualités. Des groupes de dix, quinze, vingt membres, comme il en existe plusieurs, ne peuvent évidemment arriver à s'organiser d'une manière sérieuse et durable.

C'est pour combattre cette tendance, qui allait à l'encontre du but, que quelques hommes intelligents ont pris l'initiative de la formation d'un syndicat destiné à grouper les Sociétés et à les réunir par un lien de solidarité.

Quinze Sociétés, des plus importantes, ont déjà adhéré à ce syndicat qui a organisé, le mois de septembre dernier, un congrès Mutualiste, dans lequel ont été élaborés et discutés les nombreux problèmes qui se rattachent à cette intéressante institution. Cette étude se poursuivra dans le grand congrès Mutualiste qui aura lieu à Paris pendant la durée de l'Exposition.

Le but de ce syndicat est clairement défini par l'article 1er des statuts; il consiste :

« A fortifier les Sociétés adhérentes, à augmenter leurs ressources, à protéger leurs intérêts moraux et matériels;

» A juger toutes les difficultés qui peuvent s'élever dans le sein des Sociétés par l'application des règlements et statuts;

» A étudier toutes les propositions soumises à son examen au sujet des améliorations dont les Sociétés de secours mutuels peuvent être susceptibles. »

Quoi qu'il en soit, et malgré les imperfections que l'expérience et le temps feront peu à peu disparaître, les Sociétés de secours mutuels par leur nombre, leur importance, le développement qu'elles ont pris depuis plusieurs années, peuvent être considérées à juste titre comme l'institution populaire la plus utile et la plus féconde. Elles ont éveillé le sentiment de la prévoyance au sein des classes laborieuses, et fait naître l'esprit de solidarité et d'association jusqu'au fond des campagnes qui étaient le plus éloignées de ces idées.

### Statistique :

Il existe dans Bordeaux et dans le département de la Gironde 517 Sociétés de secours mutuels de toute nature, avec un personnel de :

Membres honoraires ........... 5,999
Membres participants .......... 48,901
Et un capital en caisse ou dans divers dépôts,
au 31 décembre 1887, de ................. 2,731,418f 53

Ces 517 Sociétés se divisent ainsi :
*Sociétés approuvées conformément au décret du 26 mars 1852.*

Sociétés hommes 234, avec un personnel de :

Membres honoraires ........... 3,031
Membres participants ......... 21,514
Et un capital de ..................... 1,207,940f 23

Sociétés femmes 23, avec un personnel de :

Membres honoraires.......... 415
Membres participants.......... 2,251
Et un capital de........................ 102,010ᶠ 59

Sociétés mixtes 59, avec un personnel de :

Membres honoraires........... 1,084
Membres participants hommes... 5,501
Membres participants femmes.... 2,668
Membres participants enfants.... 204
Et un capital de........................ 315,320ᶠ 07

*Sociétés simplement autorisées, conformément aux articles*
*291 et 292 du Code pénal.*

Sociétés hommes 169, avec un personnel de :

Membres honoraires............. 1,165
Membres participants.......... 14,126
Et un capital de........................ 1,003,171ᶠ 72

Sociétés femmes 15, avec un personnel de :

Membres honoraires.......... 77
Membres participants.......... 1,088
Et un capital de........................ 56,541ᶠ 30

Cent quarante-deux (142) Sociétés ont créé un fonds de retraite qui s'élevait, au 31 décembre 1887, à....... 1,059,488 fr. 65.

Le nombre des pensionnaires était de 347, et le montant des rentes de 27,756 francs, représentant un capital de. 557,205 fr., soit une moyenne assez réduite d'environ 75 francs par pensionnaire.

Dans ce tableau des Sociétés de secours mutuels du département de la Gironde, la Ville de Bordeaux compte :

*Sociétés approuvées,* 61, avec 6,562 membres honoraires et
participants, et un capital de................................ 457,408ᶠ 39
*Sociétés simplement autorisées,* 69, avec 4,556 membres
honoraires et participants, et un capital de.................. 381,049ᶠ 18

Ensemble......... 838,457ᶠ 57

La population de Bordeaux étant environ de 240,000 et celle du département de 748,000, on voit que, toutes proportions gardées, le mouvement mutualiste est pour le moins aussi prononcée dans les petites villes de second ordre, dans les cantons et communes rurales que dans Bordeaux même.

Ces considérations préliminaires s'appliquent à l'ensemble des Sociétés de secours mutuels qui existent dans Bordeaux et dans le département. Nous allons examiner maintenant avec détail, le fonctionnement des Sociétés qui ont répondu à l'appel que nous leur avons adressé par l'envoi d'un mémoire et de documents à l'appui.

Ces Sociétés sont au nombre de quatre :

1° La Société de secours mutuels de Saint-Martial ;

2° La Société de secours mutuels des sapeurs-pompiers de la ville de Bordeaux ;

3° L'union Fraternelle des sous-agents des postes et télégraphes ;

4° La Société protestante de prévoyance et de secours mutuels.


*Société de secours mutuels des tailleurs d'habits de la ville de Bordeaux, dite de Saint-Martial.*


Cette Société a été fondée le 1er septembre 1862, sur l'initiative de M. Picard, aujourd'hui membre du Conseil municipal. Elle se recrute parmi les tailleurs d'habits qui habitent la circonscription de Bordeaux, âgés de vingt-un ans au moins, et de quarante au plus, qui remplissent les conditions de moralité exigées par les statuts. Il y a une exception pour l'âge et le domicile à l'égard des membres sortants d'une Société similaire.

La Société admet les membres honoraires, mais jusqu'ici il n'y en a eu que deux. C'est donc à peu près exclusivement avec ses ressources normales que la Société, grâce à une administration intelligente, a pu faire face à ses obligations.

Le principal actif de la Société se compose :

1° D'un droit d'admission de huit francs

2° D'une cotisation mensuelle de deux francs, versée par les membres participants;

3° Du produit des amendes.

C'est avec ces ressources que la Société pourvoit, dans le cas de maladie de ses membres :

Aux soins médicaux, pharmaceutiques, orthopédiques, traitement thermal, séjour à l'hôpital, etc.

Qu'elle alloue pendant la durée de la maladie une indemnité de chômage de 1 fr. 50 par jour, et de 1 fr. 75 pendant la durée de la convalescence. Après un an, la maladie est considérée comme chronique, et le sociétaire reçoit une indemnité de 1 franc par jour pendant six mois;

Les frais funéraires du sociétaire décédé, ou ceux de son épouse sont également payés par la Société;

Une indemnité de 60 francs est allouée à la veuve et aux orphelins n'ayant pas seize ans révolus.

Une pension de retraite de 89 francs par an est accordée au sociétaire âgé de soixante ans, et qui a versé les cotisations au moins pendant quinze ans.

Le taux de la pension, à capital réservé en faveur des héritiers, est assez faible. Mais il a été calculé sur les statistiques des autres Sociétés, et sur des bases, que l'expérience a confirmées jusqu'ici, car la Société a pu créer quatorze pensions, dont douze existent encore, et sa situation, malgré tout, offre des gages d'une prospérité durable. Voici le compte financier de la fin de l'exercice 1887.

| | |
|---|---|
| Recettes.............................. | 3,097ᶠ |
| Dépenses.............................. | 2,398 |
| Excédant des recettes................. | 699ᶠ |
| Excédants antérieurs.................. | 15,039 |
| | 15,738ᶠ |
| A la caisse de retraite............... | 20,977 |
| Avoir général de la Société........... | 36,715ᶠ |

Il faut attribuer à une administration prudente et sage, un résultat aussi favorable, car cette Société renferme la plupart des vices d'organisation qui menacent l'existence d'un grand nombre de Sociétés de secours mutuels. Il est certain que les chances de maladies et d'incapacité pour le travail, sont plus grandes pour le sociétaire admis à quarante ans, que pour celui qui entre à vingt et un ans; mais, sans parler des causes de maladies, qui se multiplient à mesure qu'on avance en âge, le premier doit verser les cotisations pendant trente-neuf ans pour avoir droit à la pension, tandis que le second jouit des mêmes avantages au bout de vingt ans. Ce n'est évidemment qu'en réduisant pour les uns le chiffre de la pension, que la Société a pu compenser cette inégalité de situation.

Le nombre des sociétaires est de 98, dont 12 retraités, comme nous l'avons vu plus haut.

La moyenne de la vie a été de cinquante et un ans.

### Société de secours mutuels des sapeurs-pompiers de la ville de Bordeaux.

La Société de secours mutuels des sapeurs pompiers de la ville de Bordeaux a été fondée en 1847, sur l'initiative du commandant Laporte.

Elle se compose exclusivement de sapeurs-pompiers attachés au service de la Ville; elle n'admet ni les femmes ni les enfants.

La Société puise ses principales ressources dans les cotisations des membres honoraires, qui sont au nombre de 550, et qui versent une somme de 5 francs par an, et dans la subvention de 4,000 francs qui lui est attribuée par la Ville.

Les membres participants, au nombre de 173, versent 12 francs pour droit d'entrée, et 24 francs par an de cotisations mensuelles.

La Société prend à sa charge :

Les soins médicaux, qui sont donnés par trois médecins, les frais de médicaments, d'opérations chirurgicales, au besoin, ainsi que les frais funéraires du sociétaire décédé, et ceux de son épouse, si elle décédée avant lui;

Elle alloue en outre, tant que dure la maladie de l'un de ses membres :

1 fr. 50 par jour pendant les six premiers mois ;

1 fr. après six mois ;

0 fr. 50 après l'année.

La Société alloue des pensions de retraite à ses membres participants âgés de cinquante-cinq ans, après vingt-cinq années de versement de cotisations.

Le taux de la pension est fixé à 220 francs par an.

Les pensionnaires, en continuant à verser, jouissent de tous les avantages que procure la Société.

De 1877 à 1887, le nombre de pensionnaires a été en moyenne de 31.

Il est manifeste que ce n'est que grâce au grand nombre des membres honoraires, et à la subvention de la Ville, que la Société a pu allouer un chiffre aussi élevé de pension à partir de cinquante-cinq ans, tout en maintenant son budget dans une situation prospère.

Voici un aperçu de cette situation à la fin de l'exercice 1887 :

| | |
|---|---:|
| Recettes totales | 11.133f 60 |
| Dépenses de toute nature | 9.180 70 |
| Excédant des recettes | 1.925f 90 |
| Fonds retraite | 143.983f 25 |
| Capitaux placés ou en caisse | 14.315 65 |
| Avoir général | 158.290f 90 |

*Union fraternelle des sous-agents des postes et télégraphes.*

Cette Société a été fondée par arrêté préfectoral du 20 mai 1880 ; elle se recrute exclusivement parmi les sous-agents des postes et télégraphes, résidant dans Bordeaux.

Les femmes peuvent faire partie de la Société.

La Société admet les Membres honoraires qui s'engagent à verser 10 francs.

Les membres participants sont admis jusqu'à trente-cinq ans ; passé cet âge, jusqu'à quarante ans, ils ont à payer un droit supplémentaire de 5 francs pour chaque année écoulée jusqu'à leur admission.

Nous appelons l'attention sur cette clause qui tend à remédier, dans une certaine mesure, à l'inégalité de situation qui naît de l'âge différent auquel les sociétaires sont admis.

Les obligations des membres participants consistent, comme dans toutes les Sociétés de ce genre, à payer un droit d'entrée de 10 francs et une cotisation mensuelle de 2 francs.

Ils reçoivent de la Société : les soins médicaux, dans le cas de maladie, et une indemnité de 2 francs par jour, mais seulement pendant trois mois; à l'expiration de ce délai, le Conseil d'administration juge s'il y a lieu de continuer le secours.

Cette clause forme une dérogation à la généralité des statuts des Sociétés de secours mutuels, qui déterminent habituellement le délai pendant lequel les secours doivent être accordés. Une règle uniforme nous paraît, en effet, une meilleure garantie contre l'arbitraire et surtout contre les réclamations dont cette inégalité de traitement peut devenir l'objet.

Le sociétaire peut faire participer sa famille aux avantages que procure la Société, en payant 1 franc de plus par mois et un droit d'admission de 5 francs.

La Société prend également à sa charge les frais funéraires des membres décédés.

Il est créé, en conformité des articles 1, 14 et 17 des statuts, un fonds de retraite qui se compose :

De l'excédant des recettes;

Des subventions spéciales accordées par l'État, le département ou la commune;

Des dons et legs.

Le taux de la pension est fixé par le conseil d'administration en assemblée générale; il ne peut être inférieur à 30 francs, ni excéder le décuple de la cotisation, soit 240 francs. Pour être présenté à l'assemblée générale comme candidat à la pension, il faut être âgé de cinquante ans au moins et faire partie de l'association au moins depuis dix ans.

Sous ce rapport, encore, le sort du sociétaire, au point de vue de la pension, est très aléatoire, parce que le taux peut varier de 30 à 240 francs, suivant la décision du conseil d'administration.

La Société ne paraît pas avoir eu occasion de faire application de cette mesure, mais les fonds versés, à cet effet, à la Caisse des dépôts et consignations, lui permettront de faire face à cette nécessité.

Voici sa situation financière au 31 décembre 1887 :

| | |
|---|---|
| Membres honoraires............... ............... | 180 |
| — participants....................... | 103 |
| — femmes............................. | 36 |
| Ensemble........... ............. | 319 |

| | |
|---|---|
| Recettes de toute nature..................................... | 7.295f 68 |
| Dépenses  —  .................................... | 6.545 12 |
| Excédant des recettes............ .......... | 750f 50 |

| | |
|---|---|
| Versements à la Caisse des dépôts........................... | 18.000f » |
| Subvention de l'État..................................... | 4.400 » |
| Intérêts capitalisés...................................... | 2.250 38 |
| Argent à la Caisse d'épargne.............................. | 750 56 |
| Total général...................... | 25.700f 94 |

*Société protestante de prévoyance et de secours mutuels.*

La Société protestante de prévoyance et de secours mutuels a été fondée en 1855. Elle n'est pas circonscrite à une industrie particulière, mais elle a un caractère *confessionnel,* assez large toutefois, car elle admet non seulement ceux qui professent le culte protestant, mais les catholiques mariés à une femme protestante.

On est admis depuis l'âge de seize jusqu'à quarante-cinq ans. Les femmes peuvent en faire partie; ces dernières sont admises à partir de quatorze ans.

Malgré cette latitude de seize à quarante-cinq ans, qui peut établir une si grande différence dans les versements, les obligations et les avantages sont les mêmes pour tous les membres : droit d'entrée, 10 francs; cotisation de 1 fr. 50 par mois. En retour, le sociétaire reçoit les soins médicaux, les médicaments et une indemnité de 1 fr. 50 par jour pendant la durée de la

maladie, jusqu'à l'expiration d'une année; si la maladie se
prolonge au delà de ce terme, le sociétaire peut avoir droit à
une pension qui est fixée suivant les cas et d'après les ressources
de la Société.

La situation de la Société est assez prospère, grâce au
dévouement des membres qui la dirigent et au nombre des
membres honoraires, qui versent annuellement une somme au
moins égale à celle des sociétaires.

Voici l'état dressé pour 1888 :

Membres honoraires.................... 52
Sociétaires hommes................ 51 ⎱ 110
— femmes................ 59 ⎰

Recettes de toute nature............................. ............ 2.710f 55
Dépenses — ........................ 2.200 35
Versement à la Caisse des retraites................ 100 »
— à la Caisse des infirmes................ 275 90
                                                          _____
                                                          2.576 25
Excédant des recettes. ........................ 134f 30
En caisse à la fin de l'année............................. 10.652 75
Somme totale............................. 10.787f 05

(Voir documents relatifs à ces diverses sociétés, section V.)

## SECTION VII

### Assurances contre les accidents.

Cette question de responsabilité en matière de risques professionnels, qui est aujourd'hui à l'ordre du jour, peut-on dire,
dans tous les États industrieux de l'Europe, et qui se trouve en
ce moment en France soumise à la discussion des Chambres, —
cette question affecte dans notre Ville des applications si variées
qu'il est bien difficile, sinon impossible, d'établir des statistiques
et des règles quelque peu précises.

Le mode d'assurance, le taux des primes, la part contributive
des patrons et des ouvriers, le chiffre des indemnités, etc., etc,
tous ces éléments varient suivant l'initiative particulière et les
vues différentes des assureurs et des assurés.

Ainsi nous avons vu dans les sections précédentes que les
primes sont payées, tantôt par le patron sans retenue, tantôt
directement par les ouvriers, le plus souvent enfin par le patron,
qui opère une retenue de cinq centimes par journée d'ouvriers,
la prime étant généralement de dix centimes.

Mais si les moyens de se garantir des risques professionnels
sont variés et un peu confus, en présence de l'incertitude de la
législation, on peut dire que les préoccupations des industriels
au sujet de cette question, sont générales dans notre Ville;
d'après les renseignements que nous avons pu recueillir, plus
des deux tiers des industriels, exerçant un métier plus ou moins
dangereux, ont cherché à se prémunir, au moyen d'une assurance, contre les responsabilités qu'ils pouvaient encourir.

Ces assurances sont faites jusqu'ici exclusivement par les
Compagnies formées spécialement en vue de garantir ces risques,
ou par les grandes Compagnies, qui ont ajouté cette branche aux
assurances générales contre l'incendie.

Nous ne connaissons pas de syndicat de patrons formé en vue
de se garantir mutuellement des risques professionnels.

## SECTION VIII

### Épargne.

Les Sociétés de secours mutuels, dont nous avons parlé dans la Section V, constituent un premier moyen d'épargne pour les classes laborieuses, en vue de se prémunir contre les maladies, les infirmités et la vieillesse.

Nous avons vu par les tableaux qui précèdent, que le nombre des membres participants (Sociétés approuvées ou simplement autorisées) s'élève :

Pour le département à 48,901, avec un capital en caisse ou en réserve de......................... 2,731,418<sup>f</sup> 53

Pour Bordeaux à 11,118, avec un capital en caisse ou en réserve de......................... 838,457<sup>f</sup> 57

D'autres formes d'association, telles que :

*Syndicats, Sociétés coopératives, Institutions de prévoyance*, etc., etc, ont également pour but de réunir quelques épargnes, au moyen de cotisations mensuelles, afin de poursuivre en commun la réalisation de projets utiles à ceux qui participent à cette création.

Nous ne parlerons pas des Comptoirs d'escompte, Institutions de crédit, Emprunts de toute sorte, offrant un placement plus ou moins aléatoire, qui sollicitent également les épargnes des travailleurs.

Diverses tentatives ont été faites pour créer de petites caisses d'épargne et de crédit, à l'usage des ouvriers et des petits artisants ; mais ces Sociétés *coopératives de crédit*, qui ont eu un si grand succès en Allemagne et en Italie, n'ont pas réussi dans notre Ville.

La *Société populaire, d'épargne, de crédit et de consommation* fondée il y a quatre ou cinq ans par M. Chêne, a joui pendant quelque temps de la faveur du public, et fait naître de légitimes espérances ; mais la branche *crédit* a dû être suspendue après une année de fonctionnement.

Ces insuccès viennent de l'inobservation des règles qui ont assuré la réussite de ces institutions dans d'autres pays. Le crédit ne doit être accordé qu'aux sociétaires, dans les limites d'abord des fonds qu'ils ont versés, et le crédit de *confiance,* qui dépasse cette limite, doit être prudemment réservé à ceux qui ont donné des preuves de régularité dans l'accomplissement de leurs obligations. Toute institution de crédit populaire qui sortira de ces règles, et qui tombera dans les agissements d'un *comptoir d'escompte* inexpérimenté, arrivera infailliblement à une déconfiture.

La *Société d'épargne et de prévoyance de Saint-Remi à Bacalan,* forme une exception à ces insuccès que nous venons de constater. Malgré l'exiguïté relative de ses proportions, les résultats sont si saisissants, en tenant compte du milieu dans lequel ils se sont produits, que cette Société mérite une mention spéciale.

*Société d'épargne et de prévoyance de Saint-Remi (Bacalan).*

Cette Société a été fondée en 1872, par un petit nombre d'ouvriers attachés aux usines de Bacalan. Une crise sévissait à ce moment dans l'industrie; un grand nombre d'ouvriers se trouvaient sans travail, et tous, sans exception, étaient dans un état assez misérable.

C'est dans ce milieu si peu favorable que fut tenté l'essai d'un mode particulier de *coopération,* dont le caractère et le but se trouvent définis par l'article 1er, ainsi conçu :

« Il est formé, entre les soussignés et ceux qui adhèreront aux présents statuts, une Société civile sous la dénomination de *Société d'épargne et de prévoyance de Saint-Remi;* cette Société a pour but d'établir, entre les ouvriers et industriels de Bacalan, des liens de solidarité, afin d'arriver, par le travail, l'épargne et l'excitation mutuelle, à une vie régulière et à la formation d'un petit capital dont *l'emploi sera déterminé par l'Assemblée générale.* »

Ces rouages si simples, l'appât de ce petit capital qui devait se former au moyen de versements mensuels d'un *minimum* de

50 centimes, tout cela entraîna l'adhésion de quelques ouvriers, malgré le peu de confiance qu'ils avaient dans le résultat. Mais la confiance est venue avec le succès, qui a dépassé toutes les espérances.

Ce minimum de 50 centimes a produit très rapidement un capital de 4 à 5,000 francs, de 10 à 12,000 francs; le nombre des adhésions s'est accru, et aujourd'hui 300 familles environ profitent des bienfaits de cette association, qui impose ses conditions aux fournisseurs, et qui obtient, pour ses membres, une réduction de 12 à 15 p. 100 sur les principaux objets d'alimentation.

D'après le dernier compte rendu, voici quelle était la situation de la Société au 31 décembre 1888 :

| | | |
|---|---|---|
| Nombre des membres (hommes et femmes)........ | 200 | |
| Capital accumulé.................. ...... | 33,349ᶠ | 35.849ᶠ |
| Fonds de réserve.................... | 2.500 | |

En vertu de traités passés avec les fournisseurs, les sociétaires, outre l'intérêt à 4 p. 100 qui s'ajoute annuellement aux sommes versées, reçoivent le pain, le vin, les objets d'épicerie et de de vêtements, avec une bonification de 12 à 15 p. 100 sur le prix courant de ces produits.

La Société étudie en ce moment la question de savoir s'il n'y aurait pas un meilleur emploi à faire de son capital, en installant un petit magasin de débit et une boulangerie.

Pour apprécier ce résultat, il ne faut pas évidemment l'isoler des circonstances au milieu desquelles il s'est produit. Une épargne de 40,000 francs est peu de chose en elle-même, mais formée, en quelques années, par un groupe d'ouvriers jusque-là accablés par la misère, insouciants du lendemain, c'est un succès incontestable qui ne peut pas laisser de doute sur l'efficacité du ressort qui a contribué à le produire.

Ce succès doit être attribué en grande partie à la simplification des rouages, la Société ne prévoyant d'abord qu'une chose : la formation d'un petit capital, la création d'une *force*, dont les intéressés auraient plus tard à déterminer l'emploi, suivant les besoins et les nécessités du moment.

Ce capital, qui fait *boule de neige*, ouvre la porte à toutes les espérances, et procure en attendant, à chacun des membres de la Société, des avantages qui représentent le décuple du sacrifice qui leur est imposé.

En présence de ce résultat obtenu dans les conditions que nous venons d'indiquer, on peut dire avec assurance qu'il y a là, pour les classes le moins favorisées par la fortune, un moyen infaillible pour améliorer leur condition.

Nous avons vu jusqu'ici les moyens habituels d'épargne destinés à recueillir et à faire fructifier, sous diverses formes, les économies réalisées par les travailleurs.

Mais nous croyons utile de faire connaître la nature et le fonctionnement d'une combinaison très simple, qui a été mise en pratique dans le quartier de Bacalan, sur l'initiative de M. Bourdaleix, président de la Société de secours mutuels et de la Société d'épargne et de prévoyance de Saint-Remi.

### La Glaneuse, *Société d'épargne*.

Une association a été formée entre un certain nombre d'employés et ouvriers de Bacalan, par groupes de cinquante.

Chaque associé verse 2 fr. 20 par mois.

Le produit de ces versements est affecté à l'achat d'obligations de 100 francs de la Ville de Bordeaux (emprunt de 1863).

Lorsque le montant de ces versements, accrus des intérêts des coupons détachés, devient suffisant pour faire l'acquisition d'un nombre déterminé de titres, une *obligation* est attribuée à chacun des associés.

Administrée avec prudence, cette Société a donné jusqu'ici les meilleurs résultats; bien que fondée depuis peu, elle a déjà acquis vingt-huit obligations de la Ville de Bordeaux (emprunt de 1863), et les demandes arrivent tous les jours pour la formation de nouveaux groupes.

*La Glaneuse* repose, comme on le voit, sur les mêmes bases que *la Fourmi*.

Il serait difficile d'imaginer une combinaison plus simple et plus ingénieuse en même temps pour exciter à l'épargne; aussi, nous ne saurions trop approuver ceux qui ont pris l'initiative de cette mesure dans le quartier de Bacalan.

Malgré les moyens d'épargne dont nous venons de parler, la *Caisse d'épargne* proprement dite, avec la régularité de son administration, la sécurité qu'elle offre aux déposants, forme encore, pour la population laborieuse de Bordeaux et du Département, la voie la plus générale et la plus usuelle pour mettre leurs économies en réserve.

### CAISSE D'ÉPARGNE *de Bordeaux et de la région.*

La Caisse d'épargne de Bordeaux a été autorisée par une ordonnance royale du 17 mars 1819, sur la demande de quelques généreux bienfaiteurs, qui avaient réuni une somme de 10,000 francs au moyen de souscriptions volontaires. On n'avait pas, à ce moment, une grande foi dans ce moyen d'épargne, et les fondateurs eux-mêmes ne se doutaient probablement pas de l'importance que devait prendre leur création. Mais le développement rapide de ce puissant levier ne tarda pas à les rassurer sur la fécondité de l'œuvre dont ils venaient de jeter les bases.

Du 14 juillet 1819, ouverture de la caisse, jusqu'au 31 décembre de la même année, il fut délivré :

| | |
|---|---|
| 414 livrets, constatant le versement de........... | 140,282f 80 |
| En 1825, les versements s'élèvent à............... | 050,018 » |
| En 1835 » » » à............... | 1.710.021 88 |
| En 1845 » » » à............... | 3.551.028 » |
| En 1865 » » » à............... | 3.754.801 » |
| En 1880 » » » à............... | 6.051.823 » |
| En 1885 » » » à............... | 15.069.894 » |
| En 1887, 31 (décembre) » à............... | 15.474.880 22 |

Le capital dû aux 85.097 déposants forme la somme énorme de...................................... **45.028.453f 17.**

Il est vrai qu'à partir de 1861, la caisse d'épargne a ouvert des succursales dans les petites villes et bourgades du département. On pouvait concevoir quelques doutes à l'origine sur le succès de ces succursales placées au milieu de populations rurales, qui n'avaient pas l'habitude de ce mode d'épargne ; mais ces craintes n'ont pas tardé à se dissiper, et les résultats obtenus ont fait ressortir cette vérité « que les facilités données pour conserver les capitaux excitent à les former ».

D'après le compte-rendu de la Caisse d'épargne, nous voyons en effet, que les dix-sept succursales figurent pour un chiffre relativement considérable, de 9.940.932 fr. 05, répartis entre 16.465 livrets.

Pendant l'année 1887, sur dix-sept succursales, neuf ont versé plus qu'elles n'ont retiré, et pour huit au contraire, les retraits ont dépassé les versements. Cette circonstance s'explique par la série de mauvaises récoltes de nos vignobles depuis plusieurs années, et par le prix avili des résines et des essences de thérébentine, qui forment le principal revenu du pays des Landes.

Toutefois malgré ces éléments défavorables, l'excédant des versements, dans le courant de l'année, dépasse celui des remboursements :

Pour la caisse centrale, de.................. 463.489ᶠ 60
Pour les succursales, de..... ............. 51.314 06
                        Ensemble............ ........... 514.803 66

Ce capital de 45.028.453 fr. 17, appartient :

à des hommes, pour.................... 21.970.723ᶠ 58
à des femmes, pour.................... 22.047.554 33
à des Sociétés ou associations, pour...... 1.010.175 26
                                   45.028.453 17

On croit assez généralement que les caisses d'épargne sont presque exclusivement alimentées par la domesticité, mais que les ouvriers, soumis à une loi *d'airain* qui mesure leurs salaires à la limite extrême de leurs besoins, ne peuvent pas faire d'économies. Le tableau dressé par l'administration de la Caisse d'épargne, donne, pour notre département du moins, un démenti formel à cette assertion, car nous voyons figurer dans ce tableau 150 professions diverses qui ont contribué à la formation de ce capital. Tous les auxiliaires de l'industrie, toutes les catégories de travailleurs, jusqu'aux plus modestes et aux plus infimes s'y trouvent représentés.

## SECTION IX

### Associations coopératives de consommation.

Il y a eu, à Bordeaux, des essais assez nombreux de Sociétés coopérativess de consommation : boucheries normales, boulangeries coopérative, débits de menus objets d'épicerie, de vêtements, etc. Mais la plupart de ces Sociétés, après quelques mois ou quelques années de fonctionnement, sont arrivées à se dissoudre ou à liquider.

L'*Union économique*, dont M. Paul Dupuy, professeur à la Faculté et ancien membre du Conseil municipal avait été l'un des principaux fondateurs, a fonctionné pendant plusieurs années avec un succès relatif qui pouvait faire espérer un plus grand développement, lorsque des causes de désunion ont entraîné sa dissolution, il y a environ un an.

Il n'existe plus aujourd'hui à Bordeaux, de Sociétés coopératives de consommation proprement dites, que :

1° La *Boulangerie coopérative des ouvriers et employés de la Compagnie d'Orléans*, à la Bastide, dont nous exposons plus bas les bases et le fonctionnement ;

2° La *Société populaire d'épargne, de crédit et de consommation*, dont M. Chêne est le fondateur ; cette Société, comme nous l'avons vu section VIII, a abandonné la branche *crédit* pour s'en tenir à la consommation (boulangerie et vin), et la crise qu'elle traverse ne lui a pas permis de publier l'état de sa situation financière ;

3° L'*Économat* des Chemins de fer du Midi, qui se rattache par quelques liens aux Sociétés coopératives de consommation, mais qui en diffère essentiellement par les moyens d'action, qui ne viennent, ni de la prévoyance individuelle, ni d'efforts faits en commun, mais uniquement de l'initiative de la Compagnie, des fonds qu'elle a avancés et de l'organissation qu'elle a établie.

La *Société d'épargne et de prévoyance de Saint-Remi* (Bacalan), dont nous avons fait la monographie section VIII, figure dans les tableaux officiels au rang des Sociétés coopératives de consommation, mais son véritable caractère la classe plutôt, comme nous l'avons fait, dans les *Sociétés coopératives d'épargne*, la distribution entre ses membres d'objets de consommation à prix réduit, ne formant en réalité qu'un accessoire, le but essentiel consistant à réunir un capital, sauf à déterminer ensuite l'emploi qui en sera fait dans l'intérêt des associés.

Ce mouvement coopératif, au point de vue de la consommation, paraît avoir pris un développement plus sérieux dans les petites agglomérations du département que dans Bordeaux même.

Voici le tableau qui nous a été fourni à ce sujet par la préfecture.

A **Langon**, il existe une Société coopérative de boulangerie, fondée en 1875; le nombre des membres est de 125 et les fonds en caisse s'élèvent à.. ...................................... 6.127ᶠ 15

A **Gensac,** boulangerie coopérative, fondée le 24 décembre 1882; nombre des membres, 215. (Les fonds en caisse n'ont pas été accusés.)

Dans la commune de **Les Léves,** boulangerie coopérative, fondée en 1884; nombre des membres, 91; fonds en caisse.......... 4.568 90

A **Gensac,** boucherie économique, fondée le mois de juillet 1888; nombre des membres, 17; fonds en caisse.................. 1.800 »

A **Saint-Estèphe**, Société de panification, fondée le 1ᵉʳ mars 1869; nombre des membres, 217; fonds en caisse............ 4.500 »

A **Vendays,** Société de panification, fondée le 9 septembre 1879; nombre des membres, 90; fonds en caisse................ 3.300 »

A **Saint-Vivien,** Société de panification, fondée le 31 juillet 1887; nombre des membres, 80; fonds en caisse ............... 1.000 »

A **Saint-Macaire**, Société coopérative de boucherie, fondée le 13 février 1887; nombre des membres, 420. (Les fonds en caisse ne sont pas accusés.)

A **Saint-Macaire**, Société coopérative de boulangerie, fondée le 13 février 1888; nombre des membres, 220. (Les fonds en caisse ne sont pas accusés.)

A **Soussac,** Société coopérative de boulangerie, fondée le 1ᵉʳ septembre 1881; nombre des membres, 112; fonds en caisse............................................. .............. 1.075 »

Il ressort de ce tableau que c'est principalement la question du pain qui forme la préoccupation des habitants dans les petites bourgades du département; comme les boulangers sont peu nombreux, ils peuvent davantage faire prévaloir leurs exigences, et l'on s'explique qu'un certain nombre d'habitants cherchent à s'y soustraire.

A Bordeaux, où les boulangers sont très nombreux, il en résulte nécessairement une certaine concurrence, tant au point du prix que pour la qualité du pain; aussi les Sociétés coopératives de consommation ont pu difficilement se maintenir et prospérer, à l'exception toutefois de la *Société coopérative des Ouvriers et Employés de la Compagnie d'Orléans* dont nous allons parler.

### Société civile de Boulangerie coopérative des Ouvriers et Employés de la Compagnie d'Orléans.

Cette Société a été fondée le 23 décembre 1885, sous forme « d'une Société civile à capital variable ». La Société n'admet que les employés et ouvriers de la Compagnie résidant à Bordeaux; le nombre des adhérents était de 500, le 31 décembre 1888.

Le capital est formé au moyen de versements de cinq francs jusqu'à la somme de vingt-cinq francs, qui constitue l'apport nécessaire pour participer aux avantages de l'association.

Au moyen de ce capital, la Société a installé une boulangerie dans un local pris en location; elle achète au comptant les matières premières et livre le pain aux adhérents au prix de revient, augmenté de un centime par kilog, pour former un fonds de réserve.

Le bénéfice pour les sociétaires, par comparaison avec le prix ordinaire du pain, est en moyenne de cinq centimes par kilog; la fabrication, pendant l'année 1887, ayant atteint le chiffre de 285,670 kilog. le bénéfice total s'est élevé par conséquent à 14,300 fr. cette somme répartie entre les 500 sociétaires, attribue à chacun d'eux un bénéfice en moyenne de 28 fr. 30, soit un intérêt de 114 pour 100, produit par un apport de 25 francs.

Le chiffre des affaires pendant cette même année 1887, s'est élevé à 90,000 francs.

Cette Société établie sur des bases rationnelles et dirigée avec intelligence par M. Flamarion paraît avoir des chances sérieuses de durée.

(Voir mémoire et documents à l'appui, section IX.)

## SECTION XI

### Habitations ouvrières.

La question « des habitations ouvrières », telle que l'ont comprise les industriels éclairés de Mulhouse, un groupe d'hommes généreux à Passy-Auteuil et dans quelques autres villes, — cette question, disons-nous, n'est pas entrée sérieusement à Bordeaux dans les préoccupations de l'opinion publique.

Il y a bien eu toutefois quelques tentatives particulières dans un but analogue, mais ces tentatives, soient qu'elles aient été mal conçues, mal dirigées, ou que le goût des ouvriers ne les portât pas ainsi à se grouper, — ces tentatives n'ont pas réussi.

Vers 1866, une entreprise de cette nature, désignée sous le nom de *Cité Dunoyer*, fut exécutée sur de vastes terrains situés chemin du Tondu près des boulevards. Le plan était assez bien conçu.

Les petites maisons ou *échoppes*, d'une architecture uniforme, étaient construites sur une ligne régulière, avec façade sur quatre rues; les appartements étaient disposés pour trois, quatre et six pièces; au centre du quadrilatère se trouvait un emplacement assez vaste, divisé en petits jardins attenant à chaque habitation. Cette Cité n'était qu'à quelques centaines de mètres du Boulevard, dans un quartier assez peuplé.

Malgré ces conditions favorables, l'opération ne réussit pas; les locataires et les acquéreurs firent défaut, et l'entreprise sombra au milieu de contestation et des procès qui entraînèrent la ruine de celui (ou de ceux) qui l'avaient conçue.

Il en a été de même d'une entreprise du même genre poursuivie, il y a quelques années, dans le quartier de Bacalan. Une Société avait conçu le projet de faire édifier une série d'immeubles, élevés de deux étages, pour le logement des ouvriers. Mais les familles ouvrières, ayant quelques économies, n'ont pas été attirées vers ces constructions, et la ruine de l'entreprise est survenue avant même que le projet eût été réalisé en entier.

Pour expliquer ces insuccès, et pour justifier cette absence de préoccupation de l'opinion publique, il faut dire, qu'au point de vue du logement des classes laborieuses, Bordeaux se trouve dans une situation particulière. Il existe, en effet, dans notre Ville, très peu de grandes industries groupant autour d'elles des agglomérations ouvrières sur un même point; les industries variées, qui occupent chacune un nombre restreint de travailleurs, sont disséminées et réparties dans tous les quartiers de la ville. Dans l'industrie du bâtiment, les manœuvres, terrassiers, maçons, etc., etc , viennent en général des départements voisins, principalement du Limousin, et ne séjournent à Bordeaux que pendant la saison des constructions. Ces ouvriers étrangers, qui conservent l'esprit de retour dans leur village où ils apportent les économies réalisées en vue d'agrandir leur petit domaine, se logent provisoirement dans des auberges.

Reste, il est vrai, les ouvriers établis à Bordeaux, ayant la plupart une famille. Chez ces derniers, le désir de posséder un foyer, sous forme d'une petite échoppe, est en général très vif et très répandu ; mais au moyen d'une combinaison assez ingénieuse dont nous allons parler, un assez grand nombre, non seulement d'ouvriers, mais de petits employés, de petits industriels, peuvent arriver à donner satisfaction à ce désir, assurément très louable et digne d'être encouragé. Voici cette combinaison qui, à côté des avantages qu'elle procure, n'est pas sans présenter quelques inconvénients.

La création du boulevard de ceinture vers 1853, augmenta considérablement l'étendue du périmètre de la Ville et laissa, soit dans l'intérieur soit aux abords, un assez grand nombre de propriétés qui avaient perdu les agréments de la campagne, mais qui avaient acquis, par contre, la valeur d'emplacements propres à bâtir; la spéculation s'empara de ces terrains qui furent morcelés en petits lots, et offerts au public à des conditions avantageuses, — (en apparence tout au moins). On n'exigeait à l'entrée qu'un faible acompte, et le solde était fractionné sur un délai, habituellement de dix ans.

Les ouvriers, les employés et les petits industriels qui avaient réuni quelques économies, furent alléchés par toutes ces facilités, et saisirent l'occasion qui leur était offerte ; c'est ainsi que dans l'espace d'une trentaine d'années un nombre considérable de petites constructions se sont élevées aux abords des boulevards dans les quartiers Sainte-Croix, des Terres-de-Borde, du Capulat, de Bacalan, à Talence, Pessac, La Bastide, etc., etc.

Les ouvriers du bâtiment trouvaient une facilité particulière pour la construction d'un petit immeuble sur le terrain qu'ils avaient acquis ; voici comment on procédait :

Le maçon, par exemple, construisait les fondations et les murs en élévation de sa petite maison, et il en faisait autant sur le terrain voisin acquis par un charpentier. Ce dernier, à son tour, construisait la charpente et la couverture des deux immeubles ; il ne restait ensuite qu'à régler la différence qui pouvait exister.

On évalue qu'un tiers environ de ces petites constructions ont été édifiées au moyen de cet échange de travail.

On ne peut méconnaître les avantages qui résultaient pour les ouvriers de cette ingénieuse combinaison ; toutefois comme les conditions n'étaient pas toujours clairement établies, ces arrangements ont donné lieu à des contestations assez nombreuses, que le Conseil des Prud'hommes a été appelé à trancher.

Mais un inconvénient plus sérieux est résulté de ces spéculations sur les terrains, et de ces constructions élevées, pour ainsi dire, au hasard, sans l'observation d'aucune règle au point de vue du nivellement pour l'écoulement des eaux, de la largeur et de la direction convenables à donner à ces nouvelles rues. Les propriétaires ou les spéculateurs, guidés le plus souvent uniquement par leur intérêt, ont ouvert des voies en vue surtout de tirer le meilleur parti de leur terrain, sans se préoccuper des questions de viabilité et d'hygiène ; c'est ainsi qu'il existe dans Bordeaux 283 rues ou *cités* que la ville ne peut classer au nombre de ses voies publiques, parce qu'elles ne remplissent pas les conditions nécessaires. Privées des services publics : éclairage, arrosage, entretien des chaussées, etc., etc, ces Cités ne tardent pas à devenir des foyers d'insalubrité.

L'initiative individuelle est assurément un levier très fécond.

mais, dans une ville où les intérêts sont connexes, il est nécessaire que cette initiative soit guidée, éclairée, qu'elle agisse
tout au moins suivant certaines règles, afin que les actes des
uns ne nuisent pas aux intérêts du plus grand nombre ; on peut
regretter, sous ce rapport, que les efforts et les sacrifices de la
population ouvrière n'aient pas été dirigés vers ce système plus
rationnel qu'on désigne sous le nom « d'habitations ouvrières »
ou de « maisons de famille », qui allient tout à la fois la modi-
cité du prix, avec les conditions de l'hygiène par l'uniformité
du plan et les dispositions intérieures, aujourd'hui consacrés
par l'expérience.

Avec ce système, l'ouvrier, l'employé, le petit industriel et le
modeste commerçant peuvent également devenir propriétaires
de l'immeuble qu'ils habitent, en ajoutant un amortissement
au prix du loyer pendant un certain nombre d'années, et cet
amortissement, réparti sur douze ou quinze ans, eût été certai-
nement moins lourd à supporter, et moins sujet à des chances
aléatoires, que l'achat d'un terrain et la construction d'un
immeuble, même avec l'échange de travail dont nous avons parlé.

Seulement, pour que ces opérations réussissent, plusieurs
conditions sont nécessaires; il faut d'abord que ceux à qui elles
sont destinées ne soient pas absolument éloignées de ce mode
régulier d'existence, soumis nécessairement à quelques règles
uniformes; il faut, en outre, que ceux qui prennent cette
initiative, et qui font les premières avances, ne soient pas mus
exclusivement par une pensée de spéculation, que le souci du
sort des classes laborieuses, l'avantage qui doit résulter pour la
société de ce moyen si efficace de resserrer les liens de la
famille par l'attrait du foyer, entre pour une part dans leur
détermination.

Les idées que nous venons d'exposer n'étaient pas généralement comprises par l'opinion publique dans notre Ville, et c'est
ce qui explique en partie l'insuccès des tentatives faites dans ce
sens jusqu'à ce jour.

Il est entendu que ce mot *insuccès* a trait à l'application du
système des « maisons ouvrières » proprement dit, et non aux
bénéfices qui ont pu être réalisés au moyen de la spéculation
sur la revente des terrains.

Nous devons constater toutefois qu'une entreprise de construction de « maisons ouvrières » est en voie d'exécution à quelques kilomètres de Bordeaux, sur l'ancienne propriété Lafon-Féline, au Bouscat, et que les hommes intelligents qui en ont pris l'initiative et qui la dirigent paraissent s'inspirer, dans une certaine mesure, des idées que nous venons d'exposer. Bien que cette association n'ait encore accompli qu'une faible partie de son œuvre, les résultats obtenus et les bases rationnelles qui lui servent de guide méritent de trouver place dans ce rapport.

### Société immobilière du Bouscat.

La Société immobilière du Bouscat a été constituée le mois de juillet 1885, sur l'initiative de MM. Pastoureau-Labesse et Delmas, dans le but d'utiliser, pour la construction de petites maisons ouvrières, les vastes terrains qu'ils possédaient à quelques kilomètres de Bordeaux, entre le chemin d'Eysines et la route du Médoc.

La Société fut constituée sous forme de « société civile » au capital de 500,000 francs, au moyen de l'émission d'obligations de 500 francs, qui furent réparties entre un petit groupe de fondateurs. Suivant les nécessités, ce capital primitif pouvait être augmenté par l'émission de nouvelles obligations.

Les terrains sur lesquels la Société basait ses opérations, avait une étendue de près de quarante hectares; il était situé entre deux voies, dont l'une va être desservie par une ligne de tramways. Des routes ou avenues de 10 mètres de largeur furent d'abord ouvertes sur la propriété, afin d'en permettre le morcellement en lots de 200 jusqu'à 500 mètres carrés.

La Société se proposait, soit de céder directement ces emplacements, soit de faire construire de petites habitations, qu'elle livrerait suivant des conditions que nous exposons plus bas. C'est cette dernière opération qui nous intéresse plus particulièrement.

La Société a construit jusqu'ici 10 chalets et petites habitations ouvrières, et vendu quatre emplacements. Ces habitations ne sont pas construites à l'avance sur un plan uniforme, mais sur la demande des acquéreurs, qui déterminent eux-mêmes : la surface du terrain qui leur est nécessaire, le nombre de pièces et les dispositions intérieures. Toutefois, les règles concernant l'aération, la salubrité, etc., etc., sont communes à tous les plans et imposées par l'architecte.

Ce mode de procéder a été suggéré à la Société par les goûts et les habitudes de notre population ouvrière, qui répugne à la promiscuité, et qui aime à avoir son habitation indépendante. Les maisons sont espacées, de forme et de grandeur différentes, avec un terrain sur le derrière ou tout autour de 200 à 400 mètres carrés.

Le projet d'acquisition est d'abord consigné dans un acte sous seing privé non enregistré, qui ne devient définitif, au moyen d'un contrat authentique, que lorsque l'acquéreur a payé ou consigné le cinquième du prix convenu.

Le prix se détermine :

1° Par la valeur du terrain, calculée généralement à 3 francs le mètre carré.

2° Par le coût de la construction, qui varie suivant le nombre de pièces, de 2,800 à 4,000 francs;

3° Par l'intérêt et l'amortissement à 6 % depuis l'entrée en jouissance jusqu'au paiement effectif.

Le délai accordé à l'acquéreur pour se libérer est de 10 ans; il verse un dixième en signant l'engagement, et les neuf dixièmes, sont payables ensuite par portions égales tous les trois mois comme pour les baux ordinaires. Les bénéfices de la Société résultent ainsi de la différence :

1° Sur le prix des terrains ;

2° Sur le coût des constructions ;

3° Sur l'accumulation des intérêts.

Ces bénéfices sont destinés à étendre la même nature d'opérations sur d'autres terrains.

Comme on le voit, cette entreprise n'a que quelques points de ressemblance avec les institutions, d'un caractère plus philanthropique, de Mulhouse, de Passy-Auteuil, d'Ivry, etc., etc. Toutefois les familles ouvrières peuvent y trouver quelques avantages, qui résultent : de l'intelligence avec laquelle cette opération est dirigée, du prix modéré des constructions, de leur situation hygiénique, et des conditions de paiement qui permettent à l'ouvrier économe et laborieux de se libérer graduellement du prix convenu.

Nous avons sous les yeux deux actes de vente faits dans ces conditions ; le premier, qui s'applique à une maison avec trois pièces, un chai et un emplacement de 217<sup>m</sup>%, est livré au prix de 4,500 francs, payables en dix ans, soit 450 francs par an, ou 112 fr. 50 par trimestre ; le second, qui comporte une maison plus vaste et 433<sup>m</sup>% de terrain, est livré pour 6,000 francs payables également en dix ans, soit 600 francs par an, ou 150 francs par trimestre. Il est tenu compte à l'acquéreur d'un intérêt de 6 pour 100 pour les paiements faits par anticipation ; la Société fournit en outre gratuitement les arbres et arbustes nécessaires pour transformer en jardin l'emplacement attenant à la maison.

(Voir documents et plans, section XI.)

Il y a là assurément des conditions favorables pour les ménages modestes qui peuvent, dans l'espace de dix ans, devenir propriétaires d'un immeuble, en ajoutant un léger surcroît au prix du loyer qu'il paient dans l'intérieur de la Ville.

Toutefois nous remarquons dans ces traités « que les versements effectués, restent acquis à la Société, en cas de retard de la part de l'acquéreur de se libérer des termes échus, un mois après la sommation qui lui est adressée ». Cette clause nous paraît bien rigoureuse, et les Sociétés de cette nature, qui ne sont pas mues exclusivement par une pensée de spéculation, ont cherché à en adoucir les effets. Nous croyons savoir que dans la pensée des administrateurs de la *Société Immobilière du Bouscat*, cette clause est purement comminatoire. Même à ce point de vue, nous le jugeons inutile, la Société trouvant des garanties suffisantes dans le *droit commun*, et cette clause enlevant précisément à cette entreprise ce caractère d'une philanthropie éclairée qui a généralement contribué au succès des opérations de cette nature.

Nous remarquons également que la propriété des voies est abandonnée aux acquéreurs à *charge d'entretien*, au droit de leurs immeubles. Nous craignons que cet abandon conditionnel n'entraîne des difficultés assez sérieuses; l'entretien des voies, laissé vaguement à la charge de plusieurs, n'est en général fait par personne. C'est précisément ce qui a lieu pour les Cités non classées dans l'intérieur de Bordeaux, qui exigent constamment l'intervention des commissions d'hygiène et de salubrité et celle des pouvoirs publics pour leur assainissement.

Il faut reconnaître toutefois que malgré les diverses combinaisons dont nous venons de parler, les ouvriers qui arrivent par leurs économies à la possession d'un petit immeuble ne forment que l'exception, et que la grande masse des travailleurs se loge dans des garnis qui sont loin de présenter les conditions de salubrité désirables.

Bien que Bordeaux soit en général bien bâti, il ne manque pas cependant dans les vieux quartiers de Saint-Michel, Sainte-Croix, à Bacalan, etc., etc., de ruelles étroites, privés d'air et de lumière, où des familles sont entassés au fond de cours sombres et humides; il existe encore un certain nombre de ces « cours des miracles » où toute les conditions de l'hygiène font absolument défaut.

Pour remédier dans la mesure du possible à cet état de choses, une Commission des logements insalubres a été instituée en 1854, en conformité des lois des 13 avril 1840 et 13 avril 1850. Pour apprécier le rôle utile que remplit laborieusement cette commission dans notre Ville, il suffira de donner un aperçu de ses travaux, tels qu'ils sont relatés dans un compte-rendu général dressé par M. le Docteur Mauriac, qui a fait de ses questions de salubrité l'objet spécial de ses préoccupations et de ses études.

En 1883, la commission a visité 368 maisons qui lui avaient été signalées comme insalubres;

En 1884, ses investigations ont porté sur 1753 immeubles;

En 1885,     »        »     sur 758 immeubles;

Ainsi dans ces trois années, 3,000 maisons ont été l'objet de visites et de rapports, dont 2,000 environ ont été suivis d'exécutions.

Cette œuvre d'amélioration s'accomplissant ainsi chaque année, tend à faire disparaître graduellement les vices de construction et les conditions défectueuses, qui se rencontrent encore dans un trop grand nombre de logements habités par la population indigente ou peu fortunée, qui ne peut consacrer qu'une somme très réduite à son loyer.

# SECTION XII

## Cercles d'ouvriers, récréations et jeux.

Les diverses institutions qui existent à Bordeaux et dans les petits centres du département : Société de Secours mutuels, Confréries, Orphéons, Sociétés de gymnastique et de tir, etc., etc., se rattachent, dans une certaine mesure, à cette question « des récréations et délassements mis à la portée des ouvriers ».

Toutes ces institutions ont, en effet, leurs jours de fête qui se produisent, sous des formes diverses, suivant le caractère et le but de la Société.

Mais les délassements ne sont, dans ces divers cas, que l'accessoire, et non le but principal. Nous ne connaissons que les CERCLES CATHOLIQUES D'OUVRIERS qui ont réellement ce dernier caractère.

### Cercles catholiques d'ouvriers.

La création des cercles catholiques remonte à une quinzaine d'années ; les fondateurs avaient pour but : de maintenir les jeunes gens sortant des écoles confessionnelles dans la ligne de conduite, au point de vue religieux, qu'on leur avait tracée dans leur éducation première, et de détourner les ouvriers de la fréquentation du cabaret, en leur procurant, le dimanche et les jours de fête, un lieu de réunion et des délassements honnêtes. Ce double but est du reste parfaitement indiqué dans l'article 1er des statuts, qui est ainsi conçu.

« Le cercle... a pour but de créer des relations et un centre de réunion pour les ouvriers de bonne volonté, qui désirent :

1º Sauvegarder leur foi, leurs mœurs et leur patriotisme ;

2º Se procurer des délassements honnêtes ;

3º Entretenir des amitiés chrétiennes ;

4º Trouver des moyens d'instruction et des enseignements pratiques au point de vue de l'exercice de leur profession ;

5° Apprendre à honorer le travail et l'atelier, ainsi qu'à se respecter eux-mêmes. »

Les moyens mis en œuvre pour atteindre ce but, consistent :

« A procurer aux sociétaires des salons de lecture, des salles de billard et de conversation, un gymnase et des jeux divers, une bibliothèque, des conférences scientifiques et littéraires, des réunions musicales, et des séances récréatives. »

Le cercle est ouvert toute la journée les dimanches et les jours de fête, et tous les soirs de la semaine, de sept à dix heures, et jusqu'à onze heures, les dimanches et jours de fête.

Ces Associations puisent leurs ressources dans les dons volontaires et les cotisations des membres, fixées à neuf francs par an.

Le recrutement se fait à peu près exclusivement parmi les élèves qui ont fréquenté les écoles confessionnelles.

Il existe à Bordeaux trois cercles catholiques établis sur ces bases, comprenant ensemble environ 500 membres ; en voici le tableau :

1° *Cercle de Saint-Seurin*, situé rue Saint-Étienne, 10, autorisé par arrêté préfectoral en date du 4 novembre 1872 ;

2° *Cercle des Chartrons*, situé rue Cornac, 17, autorisé par arrêté préfectoral en date du 21 février 1872 ;

3° *Cercle de Saint-Pierre et de Saint-Paul*, situé rue des Argentiers, 22, autorisé par arrêté préfectoral en date du 21 septembre 1878 ;

Des Associations de même nature existent :

A **Libourne**, *Cercle catholique d'ouvriers*, autorisé le 20 avril 1876 (30 membres) ;

A **Gradignan**, autorisé le 2 avril 1878 (70 membres) ;

A **Blanquefort** (60 membres) ; arrêté d'autorisation n'existe pas.

Ces cercles sont rattachés entre eux par un *comité central* composé de 100 membres, qui est chargé d'assurer une unité d'action dans leur fonctionnement.

Comme on le voit par cet exposé, le but moral poursuivi par les cercles catholiques est dominé par une pensée d'exclusion et de secte, qui tend à former des groupes isolés du reste de la société.

Nous croyons devoir placer dans cette section une institution récente, sortie, pour ainsi dire, des entrailles fécondes de la Société Philomathique, nous voulons parler de l'Association amicale des lauréats de cette Société.

*Association des lauréats des cours de la Société Philomathique.*

C'est en 1884 que quelques lauréats de la Société Philomathique conçurent le projet de former une Société qui se recruterait parmi les élèves des cours d'adultes qui auraient obtenu des distinctions à la distribution des prix.

Les fondateurs se proposaient à l'origine :

« De provoquer et d'entretenir des relations amicales entre les anciens lauréats des classes de la Société Philomathique ;

» De venir en aide, autant que possible, aux sociétaires, dans la recherche d'une situation, tant au point de vue commercial qu'industriel ;

» D'instituer, chaque année, un ou plusieurs prix à décerner aux élèves des classes d'adultes, le jour de la distribution solennelle des récompenses. »

Mais ce but a été élargi.

La Société a organisé des conférences qui ont lieu dans la saison d'hiver, sur des sujets littéraires et artistiques.

Elle se réunit chaque année dans un banquet, auquel sont également admises les dames qui ont suivi avec fruit les cours des classes d'adultes.

Les premiers frais d'organisation ont été couverts par les dons et avances des fondateurs et par une subvention de la Société Philomathique.

En outre de ces dons et subvention, la Société a pour ressources normales les cotisations des membres actifs, fixées à 8 francs par an.

Le nombre des membres est de 84.

Patronnée par la Société Philomathique, qui lui donne un local pour ses réunions et pour ses archives, inspirée par une pensée de solidarité, cette Société est appelée, en se développant, à rendre de réels services aux élèves lauréats des classes d'adultes, qui se trouvaient jusque-là isolés et sans liens en sortant des cours professionnels.

(Voir, section XII, *Mémoire* de M. Betbeder, président de l'Association, et documents à l'appui.)

## SECTION XIII

### Hygiène sociale.

Les questions d'hygiène si négligées autrefois, ont pris de nos jours une très grande importance. Les causes d'insalubrité qui résultent de l'agglomération des grands centres de population, les découvertes scientifiques sur quelques-unes des causes de propagation des maladies épidémiques, les travaux statistiques qui ont dévoilé, par des chiffres irrécusables, les conséquences funestes que pouvait occasionner l'inobservation de certaines règles hygiéniques : défaut de soins et de propreté dans l'habitation, sur sa personne, alimentation mal entendue, abus de toutes sortes, etc., etc., tout cela a éveillé dans notre Ville la sollicitude des Pouvoirs publics et celle de l'initiative individuelle (comme nous le verrons plus bas), sur ces questions essentielles.

De sérieuses améliorations ont été introduites depuis quelques années sous le rapport de la voirie, de l'élargissement et de l'aération de certaines rues, du percement de voies nouvelles dans les vieux quartiers ainsi que dans les services du nettoiement, des égouts dont le réseau a été étendu, de la captation et de l'arrivée des eaux de source.

Une Commission des logements insalubres, établie depuis 1854 en exécution de la loi du 13 août 1840, visite les maisons et établissements qui lui sont signalés par leur mauvaise tenue, et donne son avis sur les réparations qui lui paraissent nécessaires au point de vue de l'hygiène. Nous avons vû dans la section XI *(cités ouvrières)* que de 1884 à 1887, 3,000 maisons et habitations avaient été l'objet d'un rapport adressé au Conseil Municipal et que près de 2,000 de ces rapports avaient été suivis d'exécution.

Concurremment avec la *Commission des logements insalubres,* fonctionne également le *Conseil* d'hygiène, auquel M. le docteur Levieux apporte le concours d'un dévouement infatigable. Créé en vertu du décret du 1er février 1851, ce Conseil est appelé à donner son avis sur toutes les questions qui intéressent la santé publique dans Bordeaux et dans le Département.

A ces diverses améliorations, il convient d'ajouter :

1° Le service public et gratuit de vaccination, dont l'organisation est due plus particulièrement à l'adjoint délégué pour la police administrative, M. le docteur Plumeau, et à M. Layet, professeur d'hygiène à la Faculté de médecine. Établi depuis 1881, ce service opère chaque année environ 3,000 vaccinations, soit dans le local de l'Académie, soit dans les diverses écoles de notre ville ;

2° Le service organisé en exécution de la loi du 23 décembre 1874 pour la protection des enfants mis en nourrice ;

3° Enfin l'hôpital d'isolement à Pelegrin et le Lazaret de Pauillac, destinés à éviter la propagation des maladies contagieuses.

D'un autre côté l'initiative privée, aidée et encouragée par les subventions de la Ville, a créé diverses œuvres en vue de procurer des soins hygiéniques et des secours aux femmes en couches et aux enfants du premier âge ; dans ce nombre nous devons placer au premier rang : la *Société de Charité Maternelle*, la *Société Protectrice de l'enfance*, le service des *accouchements à domicile*, les *crèches*, et enfin les œuvres si intéressantes poursuivies avec tant de succès par M. le docteur Armaingaud, qui méritent à tous égards une mention spéciale dans ce rapport.

**Moyens mis en œuvre par M. le docteur ARMAINGAUD, au point de vue de l'hygiène sociale.**

—

M. le docteur Armaingaud a vulgarisé les notions d'hygiène, principalement pour les classes laborieuses, avec une intelligence et un succès qu'on ne saurait trop louer et admirer, en songeant que c'est à son initiative, à ses efforts personnels, que sont dus les résultats vraiment prodigieux auxquels il est arrivé. Ces résultats sont exposés dans un mémoire assorti de nombreux documents (voir section XIII), et nous nous bornerons, dans ce rapport, à en donner une idée générale.

6

Les cours d'hygiène fondés par les municipalités, ne trouvaient généralement autour d'eux que l'indifférence du public, qui n'en comprenait pas l'utilité. C'est dans cet enseignement cependant que M. Armaingaud, par les moyens ingénieux dont nous allons parler, a trouvé le secret d'une propagande qui lui a permis de faire pénétrer les notions d'hygiène pratique, appropriée aux diverses nécessités de la vie, dans des milliers de familles ; là ne s'est pas borné son œuvre ; cette propagande de notions hygiéniques est devenue à son tour une source de profits qu'il a généreusement appliqués à la création d'établissements situés sur les bords de la mer, et destinés à recevoir des enfants, que leur constitution débile voue trop souvent à une fin prématurée, lorsque le séjour au milieu d'un air salubre ne vient pas contrebalancer, au moment de la croissance, les germes d'anémie et de scrofule dont ils peuvent être atteints.

M. Armaingaud ne s'est pas borné à fonder et professer gratuitement, depuis dix-sept ans, le cours municipal d'hygiène ; voici le moyen ingénieux auquel il a eu recours pour rendre ce cours populaire, pour en élargir le cercle et pour arriver à faire pénétrer les règles d'hygiène indiquées par la science dans les foyers, dans les familles où ces conseils pouvaient être le plus utiles.

Il a résumé chacune de ses leçons en quelques préceptes, clairs, précis, imprimés sur quelques pages cartonnées, formant une petite brochure, d'une conservation facile, qui était distribuée à chaque auditeur à la fin de la leçon.

Mais renfermé dans ce cercle, le bienfait eût été trop restreint ; il fallait l'étendre au dehors d'une manière presque indéfinie, et il fallait surtout que cette propagande fût faite dans un milieu favorable. Les Sociétés de secours mutuels, les Syndicats, paraissaient remplir cette dernière condition ; les membres qui composent ces associations ne sont pas en général indifférents à ce qui touche leur avenir ; ils se préoccupent des cas de maladies et d'infirmités qui peuvent les atteindre ; il y avait tout lieu d'espérer que ces petites brochures, indiquant les soins et précautions à prendre au point de vue de la conservation de la santé, seraient bien accueillies par eux. Aussi c'est dans ce milieu et dans les écoles, que M. Armaingaud a répandu jusqu'ici plus de 600,000 brochures, traitant de sujets variés !

La partie du mémoire qui a trait à cette propagande, donnera une idée de l'importance de cette œuvre :

« Il a été distribué aux 10,000 membres des Sociétés de secours mutuels, une instruction tous les deux mois, soit 6 instructions différentes par an, ensemble, 60,000 en 1887, et 60,000 en 1888; le même nombre sera distribué les années suivantes.

» Pendant la même année 1888, 500,000 instructions ont été distribuées gratuitement aux élèves des écoles primaires municipales des quatre départements suivants : la Gironde, les Pyrénées-Orientales, la Haute-Garonne et la Saône-et-Loire.

Les Instructions sont différentes, quant à leur sujet, de celles qui sont distribuées aux Sociétés de secours mutuels; elles sont rédigées sur une forme assez élémentaire pour être comprises par les enfants des écoles, auxquels les instituteurs et institutrices fournissent d'ailleurs quelques explications et éclaircissements complémentaires. Les préfets des quatre départements ci-dessus indiqués, se sont chargés de les adresser aux Maires de chaque commune en nombre correspondant au nombre des élèves des deux sexes, dans les écoles communales, afin qu'ils les fassent parvenir aux directeurs des écoles.

» Chaque élève et chaque famille reçoit chaque année deux instructions sur des sujets différents, à six mois d'intervalle;

» Un exemplaire spécial et dont le texte est plus étendu, est donné à chaque Maire et à chaque instituteur et institutrice;

» Ce vaste enseignement de l'hygiène, se complète par des conférences publiques et gratuites, faites sur le même sujet dans plusieurs villes de France, notamment à Paris, Perpignan, Toulouse, Montpellier, etc. »

Cette propagande si étendue n'a pas suffi au zèle de M. Armaingaud, et il a conçu le projet, déjà réalisé en partie, de faire parvenir dans un plus grand nombre possible de familles, au moment de la naissance d'un enfant, des instructions appropriées aux soins si délicats à donner au premier âge de la vie. Dans ce but, il a remis à chaque municipalité souscrivante un nombre d'exemplaires correspondant aux naissances de l'année; ces brochures sont déposées dans les bureaux de l'état civil, et il en est donné un exemplaire à toute personne qui vient faire une déclaration de naissance.

On pourrait se demander comment le docteur Armaingaud peut suffire à cette tâche, au double point de vue du temps et des dépenses considérables qu'entraîne une publication si étendue. C'est ici que gît le secret de cette œuvre qui a trouvé sa récompense dans l'extension même du bienfait. Ces petites brochures, répandues en aussi grand nombre dans un milieu qui avait déjà le souci des ses intérêts, fournissaient un terrain très favorable pour les *annonces* commerciales et industrielles; non seulement ces annonces, insérées sur la dernière page de la brochure, couvraient les frais d'impression, mais elles ont procuré encore à M. Armaingaud des ressources relativement considérables qui lui ont permis d'élever, sur les bords du bassin d'Arcachon, un *sanatorium* destiné à recevoir les enfants de familles indigentes qui ont besoin d'une saison sur les bords de la mer pour se fortifier, et de participer, concurremment avec le préfet des Pyrénées-Orientales, à la création d'un établissement semblable à Banyuls-sur-Mer. Des legs sont encore venus s'ajouter à ces ressources, et le sanatorium d'Arcachon, agrandi par la construction d'un nouveau pavillon (pavillon Engremy), est organisé aujourd'hui pour recevoir 60 enfants, auxquels sont donnés tous les soins hygiéniques que réclame leur état.

Nous ne saurions donner une approbation trop chaleureuse à l'initiative et aux généreux efforts de M. le Dr Armaingaud et aux combinaisons ingénieuses qui lui ont permis d'étendre, sous diverses formes, l'action bienfaisante de l'hygiène sociale dans notre ville et dans la région.

Cette œuvre est, du reste, l'objet d'une Exposition spéciale, sur laquelle le jury aura à se prononcer.

## SECTION XIV

### Institutions diverses créées par les chefs d'exploitation en faveur de leur personnel.

Nous plaçons dans cette section les communications faites par M. Mathieu Dollfus, propriétaire du Château Montrose, commune de Saint-Estèphe (Médoc); 2° par M. Charles Cazalet, négociant en vins à la Bastide (Bordeaux); 3° par M. A. Sarrail, au sujet des prix décernés aux anciens serviteurs.

**Institutions créées par M. Mathieu DOLLFUS, sur sa propriété de Château Montrose, en faveur de son personnel.**

C'est en 1865 que M. Mathieu Dollfus a acquis la propriété de Château Montrose. S'inspirant des traditions de sa famille, M. M. Dollfus a appliqué à l'exploitation de ce domaine, les idées généreuses qui avaient guidé le grand industriel, Jean Dollfus, dans la création d'un ensemble d'institutions destinées à favoriser le bien-être des ouvriers, et à élever l'industrie de Mulhouse au rang qu'elle occupe (qu'elle occupait surtout avant la guerre allemande) dans le domaine de la production et dans la voie du progrès.

Le domaine de Montrose produit annuellement de 100 à 200 tonneaux de vins classés, qui se vendent, suivant l'année, de 1,500 à 3,000 francs le tonneau.

Le personnel occupé aux divers travaux est de 50 ouvriers et employés; 20 femmes sont comprises dans ce nombre.

En 1887, M. Dollfus a fait l'apport de son domaine à une Société anonyme par actions, au capital de 1 million 300,000 fr. Il a gardé pour lui le plus grand nombre de ces actions, et réparti le reste entre les membres de sa famille.

Il se peut que ce ne soit là qu'un premier pas, et que M. Dollfus, engagé dans cette voie, aille plus loin encore, en accordant, comme prime à ses meilleurs employés et ouvriers qui auront réalisé quelques économies, la faculté de devenir propriétaires d'une action. Ce mode d'accession des travailleurs à la grande industrie, soit manufacturière, soit agricole, qui a été tentée avec succès par feu M. Godin dans le Familistère de Guise, paraît indiqué dans l'avenir comme une *évolution* destinée à rétablir l'harmonie entre le capital et le travail, harmonie si troublée aujourd'hui par la défiance, l'antagonisme et les grèves incessantes. Appliquée avec discernement, en dehors de toute contrainte légale et comme le fruit volontaire d'un calcul éclairé, cette évolution peut produire des résultats féconds et donner un nouvel essor à la production.

En attendant, voici l'ensemble des institutions créées par M. Dollfus en faveur du personnel occupé sur son domaine.

Les ouvriers sont payés à la journée ou à la tâche, suivant la nature des travaux; le prix de la journée s'élève, en moyenne, pour les hommes, à 2 fr. 50 et 3 francs; pour les femmes, à 0 fr. 75 et 1 fr. 50.

Un ménage d'ouvriers se fait en moyenne 1,200 francs par an et n'a jamais de chômages.

A ce salaire, viennent s'ajouter :

La jouissance d'une petite maison d'habitation, avec un jardin qui en dépend et qui permet à la famille de cultiver les légumes nécessaires à sa consommation;

Le chauffage, le vin, les soins médicaux et les médicaments, qui sont donnés gratuitement à tous les ouvriers du domaine;

Les femmes en couches reçoivent une somme de 100 francs, qui leur permet de se rétablir avant de reprendre le travail;

Les enfants en âge de fréquenter les écoles, au nombre de vingt environ, sont conduits et ramenés en voiture. Le domaine payait autrefois les frais d'écolage; mais depuis que l'école de Saint-Estèphe est gratuite, les fournitures scolaires sont seules payées par le domaine.

A ces avantages, viennent s'ajouter encore :

1° Une prime de deux francs par tonneau répartie, après la vendange, entre les vignerons, à titre d'encouragement et pour éveiller leur vigilance;

2° Une participation de 1 pour 100 sur les bénéfices de l'année,

accordée aux ouvriers occupés sur le domaine, après prélèvement
d'un intérêt de 6 pour 100 en faveur des actionnaires;

Cette participation aux bénéfices, est destinée à alimenter une
Caisse de prévoyance, afin d'assurer aux ouvriers une pension de
retraite pour leurs vieux jours.

En 1880 et 1881, la participation a donné 10 pour 100 du
montant des salaires;

En 1883, 8,50 pour 100.

Depuis 1883, les ravages causés par le mildew, ont fait disparaître les bénéfices et aucune répartition n'a pu être faite aux
participants.

Tel est l'ensemble des mesures établi sur le Domaine de
Montrose en faveur des ouvriers attachés à son exploitation.

Nous ne saurions trop approuver cette louable initiative,
favorable, tout à la fois, au bien-être des ouvriers et aux intérêts
de la production.

### Mesures prises par M. Charles CAZALET en faveur de ses employés et manœuvres.

M. Charles Cazalet a pris, en faveur des employés et manœuvres occupés dans sa maison de commerce, diverses mesures
relatées dans la note ci-jointe (voir section XIV).

I. — Tous les ouvriers, y compris le cocher et le charretier,
sont assurés contre les accidents à la compagnie l'*Urbaine* et
la *Seine;* les primes qui s'élèvent à 300 francs sont exclusivement payées par la maison de commerce.

II. — En vue d'assurer à ses employés et ouvriers une retraite
dans leurs vieux jours, la maison de commerce les inscrit au
nombre des *Prévoyants de l'avenir,* et paie elle-même les cotisations, qui s'élèvent à 192 francs.

III. — En outre, dans le but de faire participer ses collaborateurs aux avantages d'un travail sérieux, et pour récompenser l'ancienneté des services, M. Cazalet attribue, depuis le
1er août 1887, une part des bénéfices :

Aux employés, après un an de séjour ;

Aux ouvriers et manœuvres, après trois ans.

La répartition se fait sur une base nouvelle.

Au lieu d'établir la proportion sur le montant des salaires, la part attribuée à chacun est calculée d'après le nombre d'années de service.

La somme à répartir étant de 1,000 francs, par exemple, et le nombre des années de service de l'ensemble du personnel de 100, l'ouvrier ou employé qui aura passé dix ans dans la Maison, aura droit à $10 \times 10 = 100$ francs.

Cette base est assez ingénieuse pour attacher le personnel à la Maison, mais elle a l'inconvénient de ne pas tenir compte de la nature plus ou moins élevée de l'emploi.

Quoi qu'il en soit, c'est sur cette base qu'à la fin de l'année 1888 une somme de 3,129 fr. 09, représentant 6 p. 100 des bénéfices, a été répartie entre cinq employés et six ouvriers.

Cette participation n'est pas déterminée par un règlement, et elle a plutôt dans ce cas, le caractère d'une prime volontaire. On évite ainsi, il est vrai, les difficultés qui peuvent résulter d'un engagement pris à l'égard du personnel, mais, d'un autre côté, il faut reconnaître que cette participation éventuelle, arbitraire de la part du patron, ne produit pas les mêmes effets qu'une participation réelle, établie sur des bases fixes, et créant un lien qui n'est plus exclusivement subordonné à la volonté de l'une des parties.

Toutefois, même dans ces conditions, M. Cazalet a reconnu « que ces mesures avaient produit un effet favorable sur l'esprit de ses employés et ouvriers, qui lui paraissent plus attachés et apporter plus d'attention et de soins à leur travail. »

### Récompense au dévouement et à l'ancienneté des services.

A l'encontre des théories qui font de l'antagonisme entre les facteurs de la production une condition fatale de notre organisation industrielle, nous croyons devoir exposer le tableau des dévouements réciproques, entre patrons et ouvriers, constatés dans notre Ville par l'institution philanthropique dont nous allons parler.

En 1864, au renouvellement du Conseil des Prud'hommes, M. Privat, qui venait d'être nommé président, déclara qu'il fondait à perpétuité un prix annuel de 500 francs qui serait donné par le président de la Société Philomathique le jour de la distribution solennelle des récompenses, à l'ouvrier réunissant les conditions suivantes :

**Dévouement au Patron;**
**Longs services dans le même atelier;**
**Conduite irréprochable.**

Ce généreux exemple fut suivi par les Patrons Prud'hommes qui fondèrent, dans les mêmes conditions, un prix de 250 francs ; et plus récemment, par les négociants en vins et spiritueux qui ont institué deux prix de 500 francs et de 250 francs en faveur des tonneliers et maîtres de chais.

Une commission est chargée de recueillir les demandes et d'apprécier le mérite respectif des postulants.

Il faut parcourir la série des rapports présentés, chaque année depuis un quart de siècle, par M. Adolphe Sarrail, président actuel du Conseil des Prud'hommes, pour avoir une idée du dévouement, de l'abnégation, des qualités morales qui se rencontrent dans notre Ville chez un si grand nombre d'ouvriers et d'anciens serviteurs.

Les prix décernés jusqu'à ce jour s'élèvent à 66! Mais le nombre des postulants recommandés pour l'obtention d'un prix « qui à peu près tous, dit l'honorable rapporteur, à des titres divers paraissent y avoir droit », ce nombre est vingt fois plus considérable.

La première année, la commission avait à statuer sur 70 demandes.

En 1866, sur 91 ; en 1867, sur 107 ; en 1868, sur 110 ; en 1869, sur 113.

Depuis lors, ce nombre est resté à peu près le même chaque année.

Il n'y a pas d'anciennes maisons dans notre Ville où l'on ne rencontre un de ces vieux serviteurs : commis principal, contremaître, chef d'atelier, etc., attaché à la famille du patron, dont il fait pour ainsi dire partie, depuis 20, 30 et même 40 ans, la suivant dans la bonne comme dans la mauvaise fortune.

Ces dévouements exemplaires abondent dans les rapports annuels présentés par M. Adolphe Sarrail. (Voir ces documents, section XIV.)

## SECTION XV

### Grande et petite industrie.

Bordeaux est une ville *industrieuse*, plutôt qu'une ville manufacturière; on y rencontre peu de grands ateliers de production.

A l'exception de la Faïencerie Vieillard, qui occupe en moyenne 1,500 ouvriers, de la Manufacture des tabacs, qui occupe à peu près le même nombre d'ouvrières, des ateliers de la Compagnie du Midi, des Chantiers de la Gironde, pour la construction des navires en fer, des ateliers Dyle et Bacalan, pour la construction des wagons, de l'huilerie Maurel et Prom, — à l'exception de ces grands ateliers, l'activité des habitants se répartit sur une foule d'industries, se rattachant quelquefois à un même objet, mais divisées dans leurs moyens d'action.

Ainsi, on compte, à Bordeaux, 1,191 maisons qui se rattachent à l'industrie des vêtements; le nombre des chais pour les soins, la conservation et l'expédition des vins, est au moins aussi considérable.

Les industries : des Conserves alimentaires, qui a une grande importance dans notre Ville, de la Cordonnerie, de l'Ameublement, etc., sont également réparties en un grand nombre d'ateliers de production.

Il résulte d'un rapport adressé à M. le Ministre de l'Agriculture et du Commerce, au sujet de l'extension de la juridiction des Prud'hommes, qu'il existe dans notre Ville 232 industries différentes qui peuvent se classer ainsi :

Les 7/10 occupent de............ 1 à 10 ouvriers
» 2,10 » » ............ 10 à 20 »
» 1/10 » » ............ 20 et au-dessus.

Cette répartition varie, avec les saisons, pour les *conserves alimentaires*, le *vêtement*, les *modes*, etc., et pour l'*industrie* du *bâtiment*, suivant l'activité plus ou moins grande qui règne dans les affaires.

Au point de vue agricole le département de la Gironde se divise en deux parties bien distinctes : la partie cultivée en vignes, et la partie boisée des Landes dont la principale occupation des habitants, et le principal revenu consiste dans le résinage des pins.

Nous jugeons inutile de rappeler les causes qui, depuis tant d'années, ont affaibli (et anéanti sur certains points) la production vinicole.

Ces causes sont trop connues par les nombreuses enquêtes qui ont eu lieu à ce sujet, et qui ont fait ressortir, en même temps, les efforts et les sacrifices accomplis par les propriétaires pour lutter contre les fléaux qui les accablaient.

La partie boisée des Landes traverse une crise tout aussi douloureuse, mais moins connue. Nous ne pouvons mieux la mettre en relief qu'en retraçant le tableau d'une famille de cultivateurs dans les Landes.

### Monographie, au point de vue agricole, d'une commune des Landes et budget d'une famille de métayer.

Prenons une commune de 1,200 âmes, renfermant 300 à 350 familles, qui se répartissent ainsi :

Grands propriétaires............................ 10
Artisans : boulangers, bouchers, forgerons, charpentiers menuisiers, marchands au détail, etc., etc...... 90
Métayers et brassiers............................ 50
Petits cultivateurs, travaillant eux-mêmes leurs terres avec un ou deux domestiques.................... 150

Cette répartition n'est pas absolue, bien entendue, mais elle se rapproche de la moyenne.

Les grands propriétaires dans les Landes, ne font pas de *grande culture;* ils divisent leurs terres en *métairies,* et en livrent l'exploitation à moitié fruits.

Une métairie comprend le plus habituellement : 20 journaux de

terre labourable (de 6 à 7 hectares) 1 hectare de *Padouens* (1),
et prairies, un petit jardin, 4,000 à 5,000 arbres pins, propres à
être exploités en résine, une maison d'habitation, grange, décharges, etc., avec un attelage (bœufs ou vaches), et quelques
outils aratoires très rudimentaires.

Dans ces conditions, la famille du métayer se compose : de
deux hommes et de deux femmes en âge de travailler, des grands
parents qui veillent autour de la maison, et des enfants qui
aident un peu à la cueillette de la résine, ensemble 8 personnes.

Les terres labourables des Landes sont soumises chaque
année à produire deux sortes de récoltes, toujours les mêmes :
le seigle, qu'on sème en octobre et novembre, et qu'on coupe
vers la fin du mois de juin, et le maïs, millet et sarrazin, qu'on
désigne sous le nom de *menues récoltes*, qu'on plante dans le
creux du sillon, et qu'on récolte vers la fin de l'automne.

Le métayer a la moitié du seigle et les deux tiers des
menues récoltes.

Dans les années de production moyenne, avec la part qui lui
revient et le jardinage qui lui est abandonné en entier, il peut
rigoureusement réunir la quantité de céréales nécessaire à la
confection du pain et de la méture, qui forment la base de l'alimentation du paysan landais. C'est le produit de la résine qui
doit faire face à tous les autres besoins du ménage.

Quatre mille arbres exploités au système Hugues (généralement adopté aujourd'hui), donnent 2 litres 1/2 par *carre*, soit
10,000 litres, sur lesquels le métayer a une moitié, ou 5,000 litres.

Sans parler du prix exceptionnel de la résine pendant la
guerre de la sécession Américaine et le blocus des ports du
Sud, le prix normal de la gemme oscillait autrefois entre 20 et
28 centimes le litre.

Dans ces conditions, la famille du métayer que nous avons
prise pour type, aurait réalisé de 1,000 à 1,400 francs.

Mais depuis une vingtaine d'années, le prix des gemmes est

_____

(1) On désigne par ce mot l'eyrial, le plus souvent en prairie non arrosée,
qui entoure la maison d'habitation.

tombé à 12, 10 et même 9 centimes le litre, ce qui réduit le budget d'une famille de quatre travailleurs valides à 500 francs, 600 francs au plus.

Il est vrai que le travail des pins n'occupe que huit mois de l'année, du mois de mars au mois d'octobre; pendant l'hiver le métayer peut faire quelques charrois, ou quelques journées dans les chantiers d'exploitations.

C'est avec ce petit surcroît, les produits de la basse-cour, le porc engraissé et conservé en salaison, et exceptionnellement quelques morceaux de viande achetés au boucher les jours de fête, — c'est avec cela que vit le métayer des Landes, et qu'il arrive à grand'peine à mettre ce qu'on appelle les *bouts ensemble*.

Mais lorsque la récolte lui fait en partie défaut (ce qui arrive assez fréquemment), et qu'il est obligé d'acheter de 8 à 10 hectolitres de seigle et maïs pour compléter sa provision, l'équilibre est rompu, sans espoir d'arriver à combler ce déficit. Aussi depuis une vingtaine d'années, un grand nombre de familles de métayers et de petits propriétaires ont émigré vers le bassin d'Arcachon ou vers les dunes du Médoc.

La situation des propriétaires ne serait guère plus favorable, sans l'éclaircissage des bois, qui permet à ceux qui ne sont pas trop éloignés des cours d'eau ou des voies ferrées, de réaliser quelques sommes au moyen de la vente de poteaux de mine et de faissonnats de pin.

Cet état de choses tient à plusieurs causes : d'abord l'infertilité naturelle du sol, qui produit peu et exige beaucoup d'efforts; puis, l'absence d'industries, les tarifs élevés des chemins de fer, qui ne permettent aux produits des Landes de profiter de ce moyen de transport que dans un cercle très restreint; — toutes ces circonstances, jointes à la concurrence américaine, réduisent cette contrée, à un état de gêne pour les propriétaires, et de misère pour les travailleurs.

On a fait de grands sacrifices pour améliorer la circulation dans les Landes; mais ces sacrifices n'ont pas produit les résultats attendus. Par les services que rend, au point de vue du flottage, la petite rivière la Leyre, malgré son cours sinueux, rapide et les bancs de sables qui l'obstruent trop souvent, on peut se rendre compte qu'un système de canaux destinés à transporter à peu de frais les produits encombrants des forêts, était seul appelé à apporter dans cette contrée des éléments de bien-être qui lui font naturellement défaut.

### Budget d'une famille de vignerons dans le canton de Pauillac (Médoc).

La situation des cultivateurs, dans la partie du département cultivée en vignes, est bien plus favorable que celle du colon landais.

Nous avons sous les yeux le tableau des rémunérations attribuées dans le Médoc, à une famille composée : du père, d'un fils adulte, et de deux femmes valides ; voici ce tableau pour l'année 1888 :

| | |
|---|---:|
| Prix-fait pour façons de 20 journaux, à 28 fr. . . . . . . . . . . . . . . . . . . | 560ᶠ. |
| 300 journées d'hommes en dehors des façons, à 2 fr. . . . . . . . . . . . . | 600ᶠ. |
| 400 journées de femmes à 75 cent. . . . . . . . . . . . . . . . . . . . . . . . . . | 300ᶠ. |
| Plantations en provins et barbots. . . . . . . . . . . . . . . . . . . . . . . . . . | 200ᶠ. |
| Nettoyage des sentiers et curage des fossés (prix-fait). . . . . . . . . . . | 250ᶠ. |
| Travaux divers. . . . . . . . . . . . . . . . . . . . . . . . . . . . . . . . . . . . . . . . | 115ᶠ. |
| Ensemble. . . . . . . . . . | **2,025ᶠ.** |

S'il y a des vieillards pouvant travailler, il faut ajouter :

| | |
|---|---:|
| Environ 200 journées d'hommes à 1 fr. 50. . . . . . . . . . . . . . . . . . . . . | 300ᶠ. |
| » 400 » de femmes à 75 cent. . . . . . . . . . . . . . . . . . . . . . | 150ᶠ. |
| Ensemble. . . . . . . . . . | **450ᶠ.** |

Dans les *palus*, les conditions diffèrent quelque peu.

Le prix-fait pour diverses façons à donner aux vignes, est de 40 fr. le journal ; mais comme le travail est plus pénible, l'étendue donnée à prix-fait n'est habituellement que de 15 journaux, ou de 15,000 pieds de vignes (1000 pieds par journal), et le résultat final, pour le prix-faiteur, en est à peu près le même que celui que nous venons de décrire.

Au produit de ces journées de travail, viennent encore s'ajouter pour le prix-faiteur plusieurs accessoires, tels que : le logement, généralement assez confortable, les produits de la basse-cour et d'un petit jardin, une barrique de vin, quatre barriques de piquette et le bois pour le chauffage.

Dans toute la contrée de Margaux, les journées d'homme sont payées 2 fr. 50, les journées de femme 1 fr.

Les fléaux qui ont si cruellement frappé depuis quelques années les propriétaires de vignobles, ont nécessairement rejailli indirectement sur les prix-faiteurs; mais dans les conditions normales, la situation de cette catégorie de travailleurs, dans le département, au prix d'un travail qui n'est pas excessif, vit, en général, dans une aisance relative.

───────

### Résumé et conclusions.

Malgré les lacunes que renferme cette enquête, par suite du refus d'un trop grand nombre de chefs d'exploitations de répondre au Questionnaire, comme nous l'avons expliqué au commencement de ce rapport, il nous est possible, cependant, avec les documents que nous avons recueillis, de jeter un coup d'œil d'ensemble sur les conditions du travail dans notre département et sur la situation économique des travailleurs.

Au point de vue de la rémunération du travail, il ressort de tous les documents annexés à ce rapport, que depuis une trentaine d'années, les salaires ont augmenté en moyenne de 30 et 40 pour 100, suivant la nature des travaux.

Cette augmentation a été quelque peu enrayée, il est vrai, par les fléaux qui ont atteint la principale production de notre région, et qui ont réagi sur le commerce de notre Ville.

Toutefois, malgré ces circonstances défavorables, nous remarquons que les économies des classes laborieuses, versées à la Caisse d'épargne, ont suivi une marche ascendante :

En 1880, les dépôts s'élevaient à    6.931.823 francs.
En 1885,  »      »         »    à  15,069.894   »
En 1887,  »      »         »    à  15.474.889   »

Les succursales, plus particulièrement frappées par les acci-

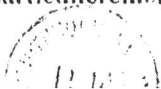

dents climatériques, présentaient encore, en 1887, un excédant
de versements, sur les retraits, de............... 51,314 fr.

Ce résultat est tout à la fois l'indice de l'énergie de la population agricole en présence des fléaux qui l'accablaient, et des
racines profondes que l'esprit de prévoyance et d'économie a
jetées dans les masses.

Cet esprit de prévoyance se manisfeste davantage encore
dans le nombre et l'importance des Sociétés de secours mutuels.
Nous avons vu que dans le département, environ *cinquante mille*
membres font partie de ces Sociétés, avec un capital de *deux
millions sept cent trente-un mille quatre cent dix-huit francs*
(2.731.418 francs).

Ce n'est pas seulement dans Bordeaux que ce mouvement
mutualiste s'étend et se propage. mais dans les petites villes,
dans les bourgages, dans les communes rurales. Il y a là, non
seulement l'indice d'un sentiment de prévoyance, mais encore
une idée de solidarité qui, sans porter atteinte à l'initiative
individuelle, en adoucit l'action trop exclusive.

Nous ne saurions trop appeler de nos vœux le vote de la loi
destinée à régulariser cette forme si populaire d'association, et
à lui donner une consécration légale.

L'*Union Syndicale* qui s'est formée dans, notre Ville, et qui
réunit déjà dans une action commune un groupe de quinze
Sociétés de secours mutuels, le Congrès Mutualisme tenu à
Bordeaux le mois de septembre dernier, le grand Congrès organisé à Paris pendant la durée de l'Exposition, les nombreuses
publications qui ont récemment paru à ce sujet (1), — tout cela
témoigne le vif intérêt que l'opinion publique attache à cette
question.

La loi du 21 mars 1884 sur les syndicats professionnels, a
reçu dans notre Ville une application rationnelle, d'un bon

---

(1) *Revue des institutions de prévoyance,* sous la direction de M. H. Maze;
*Considérations générales sur les Sociétés de secours mutuels,* par M. A. Vil-
lard; *L'imprévoyance dans les instituiions de prévoyance,* par M. Cheyson.

augure pour l'avenir de notre industrie. Nous avons vu les syndicats partiels formés dans chaque branche d'activité, se réunir, se grouper en vue d'une action commune.

Mais ce groupement, cette fusion, comme l'on paraissait le craindre dans la discussion de la loi, ne s'est pas opérée dans un but de lutte, mais plutôt dans une pensée de concorde; les éléments systématiquement hostiles parmi les syndicats ouvriers, ont perdu tous les jours de leur influence, et des mesures communes, ont été simultanément prises par l'Union patronale et par le groupe le plus considérable de l'Union ouvrière.

Nous avons même vu, dans la grande industrie de la cordonnerie, patrons et ouvriers, unis par une pensée de confraternité, ne former qu'un seul syndicat, proclamant ainsi la solidarité qui existe dans leurs rapports nécessaires, et faisant le premier pas dans cette voie appelée à donner aux facteurs de l'industrie, des éléments de force et de prospérité qu'ils ne sauraient trouver dans la division, l'antagonisme et la lutte.

La crise économique que nous traversons, se trouvait aggravée dans notre département par l'insuffisance des récoltes et, malgré ces circonstances défavorables, nous n'avons pas vu de grèves sérieuses se produire dans notre ville. Ce résultat doit être attribué, tout à la fois, au bon esprit de la population, et à l'influence exercée par la Société Philomathique sur les nombreux ouvriers qui ont suivi ses Cours, et qui ont conservé le souvenir de la sollicitude éclairée dont ils ont été l'objet de la part d'une Société, qui renferme dans son sein tout ce que notre Ville compte d'hommes généreux, dévoués à l'éducation populaire.

Nous avons remarqué que les Sociétés coopératives de *production*, de *crédit* et même de *consommation*, n'avaient pas pris un grand développement dans notre Ville; nous ne croyons pas cependant que ce résultat négatif, puisse être attribué à un manque d'initiative. Le développement si remarquable de la Société Philomathique, la hardiesse de ses entreprises, les nombreuses institutions privées qui existent dans Bordeaux au point de vue : de la bienfaisance, de la diffusion des sciences et des arts, — tout cela témoigne bien que l'esprit d'initiative ne fait pas défaut à la population.

L'insuccès des Sociétés coopératives doit être attribué selon nous à d'autres causes.

L'association coopérative, en vue de supprimer les intermédiaires, n'a de raison d'être que là où les intermédiaires sont inutiles ou trop onéreux.

Mais dans un milieu où les commerçants au détail sont nombreux, où la concurrence qu'ils se font entre eux, les force à livrer les produits aux meilleures conditions, l'association des consommateurs ne présente évidemment aucun avantage. Aussi nous avons vu des Sociétés coopératives, principalement pour la panification, se former en assez grand nombre dans les petites villes, dans les petits centres, tandis qu'à Bordeaux, à peu d'exception près, ces association se dissolvaient après quelques mois ou quelques années d'existence. C'est qu'avec le sens *pratique* que donne le négoce, les membres de ces associations comprenaient que les habitudes commerciales ne s'acquièrent pas en un jour, qu'elles ne sont pas davantage le fruit de l'élection, et que les détaillants, en leur épargnant des efforts inutiles, leur procuraient les mêmes avantages.

L'association coopérative, favorable dans toutes les conditions, dans tous les *milieux*, c'est celle qui consiste à exciter chez les travailleurs le sentiment de la prévoyance, à relever leur courage et leur énergie par la formation d'un petit capital qui leur donne la sécurité du lendemain. Le succès de la *Société d'épargne et de prévoyance de Saint-Remi* (Bacalan) en est une preuve manifeste.

Deux choses se dégagent encore de cette enquête et des tableaux statistiques et synoptiques qui seront exposés avec les documents à l'appui de ce rapport :

Le développement des moyens d'instruction, et la préoccupation de plus en plus générale au sujet des conditions d'hygiène destinées à sauvegarder la vie humaine.

Sous le rapport du développement de l'instruction, la Municipalité, depuis une vingtaine d'années, n'a reculé devant aucun sacrifice pour faire de notre Ville un centre Universitaire, et pour étendre dans les divers quartiers les bienfaits de l'enseignement primaire, sous la forme (autant que possible) de *groupes scolaires,* comprenant : l'école enfantine, l'école de garçons et l'école de filles.

A l'exemple de la Société Philomathique, des classes du soir, pour les ouvriers et ouvrières adultes, ont été fondées, par l'initiative privée, dans le quartier Sud, à Saint-Nicolas, et par diverses institutions, notamment par le Syndicat des Employés de commerce. La Ligue de l'Enseignement, la Société de Géographie, les conférences variées qui ont lieu fréquemment dans l'amphithéâtre de l'École professionnelle, complètent cette diffusion des connaissances appropriées aux nécessités de la population laborieuse.

Au point de vue de l'hygiène, de grandes améliorations ont également été réalisées dans notre Ville : par l'ouverture des Boulevards, la création du Parc-Bordelais, où de nombreuses familles viennent les dimanches et jours de fête chercher un repos salutaire ; par l'élargissement d'un grand nombre de voies, le percement de voies nouvelles dans le vieux quartier Sainte-Croix et Saint-Michel, l'ouverture du cours d'Alsace-et-Lorraine, substitué au réseau de ruelles étroites qui formaient une tache au centre de la Ville, etc., etc.

Telle est l'œuvre accomplie depuis un demi-siècle, au point de vue de l'embellissement et de l'assainissement de notre Ville, par les diverses administrations qui se sont succédé, sans parler de l'extension du réseau des égouts, de la couverture graduelle des ruisseaux qui traversent la Ville, de la distribution régulière et plus abondante des eaux de source, etc., etc. (1).

Concurremment à ces travaux d'assainissement, des Commissions de salubrité et d'hygiène exercent une active surveillance au point de vue : des logements, de l'installation des ateliers, des établissements dangereux ou insalubres, qui seraient de nature à compromettre la santé ou la vie des habitants.

---

(1) Voir, à ce sujet, dans les documents annexés à l'enquête, le Rapport *sur la situation des affaires municipales de 1884 à 188.*, par M. Alfred Daney, alors Maire de Bordeaux.

Toutes ces mesures, favorisées par l'esprit d'initiative, fruit naturel de la liberté du travail et de l'industrie sortie de la grande Révolution dont la France célèbre aujourd'hui le Centenaire, ont exercé une heureuse influence sur la condition des travailleurs dans notre département. Des circonstances particulières, les fléaux qui ont sévi sur les vignobles, la situation exceptionnelle des Landes, dont l'infertilité naturelle du sol ne peut avantageusement lutter avec les produits résineux venant de l'Amérique, — toutes ces circonstances apportent bien une ombre au tableau, mais dans l'ensemble, il est incontestable qu'un progrès sensible a été réalisé dans les conditions de bienêtre et d'aisance des populations laborieuses.

Ce progrès serait plus accusé, si le commerce de notre Ville trouvait moins d'obstacles dans ses rapports d'échange avec les nations industrieuses de l'Europe et du Nouveau-Monde.

On ne peut méconnaître que les législations douanières qui ferment, à la plus part de nos produits, l'accès des ports de l'Amérique du Nord, qui laissent planer l'incertitude de la variation des tarifs sur les opérations à longs termes avec : l'Angleterre, l'Italie, l'Espagne, etc., etc., ne paralysent, dans une large mesure, le mouvement ascensionnel de notre port et l'essor de nos transactions.

Des négociations persévérantes dans le sens de l'abaissement graduel de ces obstacles et d'un rapprochement entre les peuples, — rapprochement inspiré tout à la fois par le sentiment éclairé de leur intérêts, et par les nécessités d'une civilisation avancée, seraient le digne couronnement de cette œuvre d'émancipation et de progrès social, dont la France a jeté les bases en 1789!

Bordeaux, 15 mai 1889.

Le Président
du Comité départemental de la Gironde,
ALFRED DANEY.

Le Secrétaire de la
Section d'Economie sociale, rapporteur,
J.-B. LESCARET.

Le Secrétaire-Général,
EUGÈNE BUHAN.

Bordeaux. — Imp. J. Durand, rue Condillac, 23.

www.ingramcontent.com/pod-product-compliance
Lightning Source LLC
Chambersburg PA
CBHW071449200326
41519CB00019B/5676